AF523727

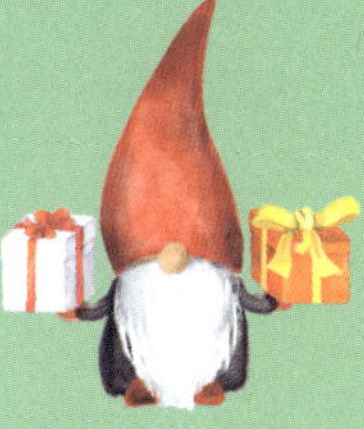

MÄRCHENHAFTE Wichteltüren

LIEBEVOLLE BEHAUSUNGEN FÜR AUFRÄUMWICHTEL, ZAHNFEE & CO.

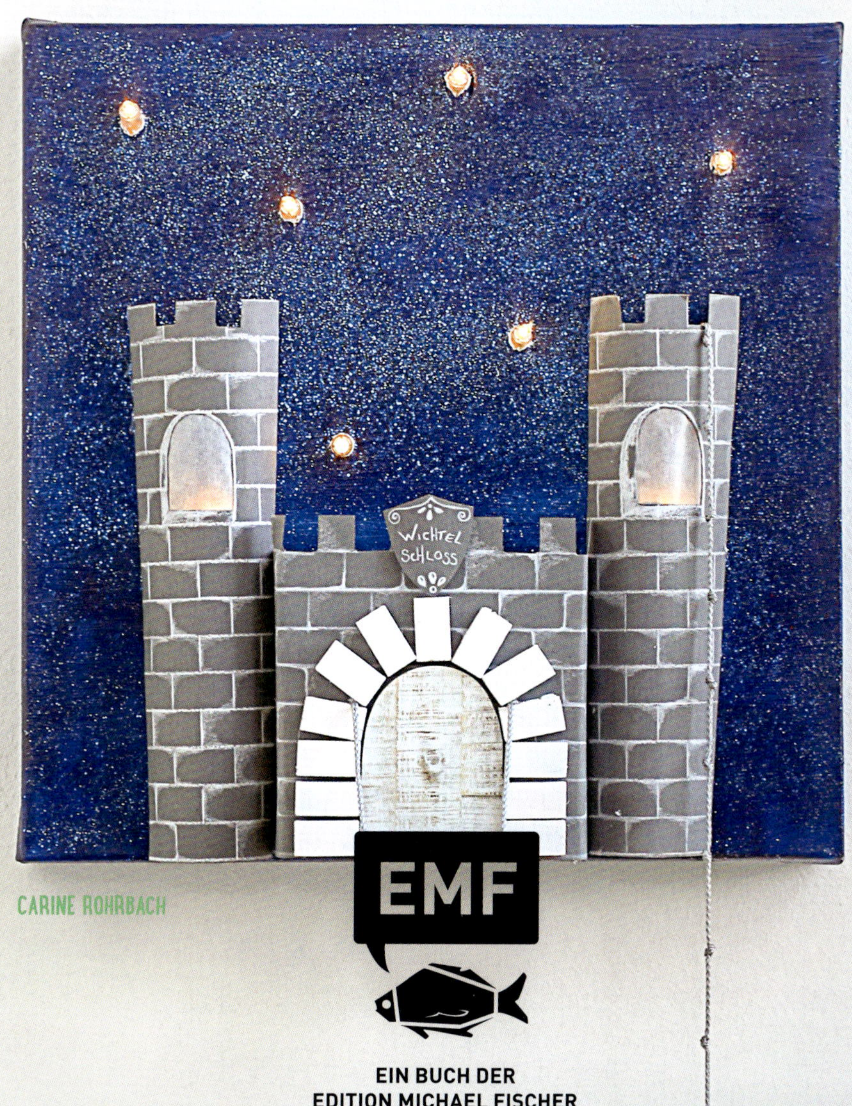

CARINE ROHRBACH

EMF

EIN BUCH DER
EDITION MICHAEL FISCHER

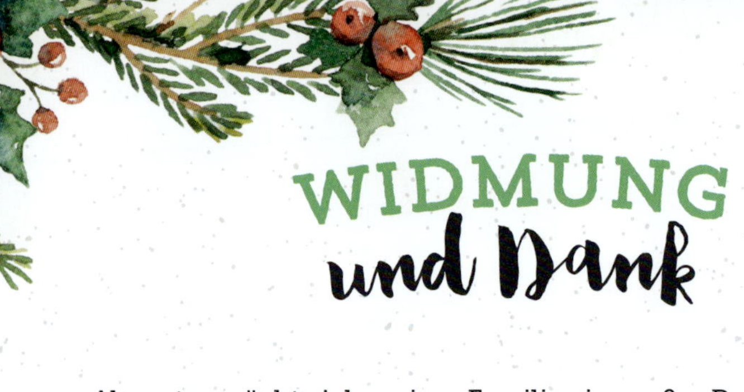

WIDMUNG und Dank

Als erstes möchte ich meiner Familie ein großes Dankeschön für die tolle Unterstützung bei diesem Projekt aussprechen. Allen voran, meinen zauberhaften Kindern, die ihre Mami öfters zwischen Wichteltüren und Bergen von Bastelmaterial suchen mussten. Auch meinem wunderbaren Mann ein großes Danke für seine Geduld. Konnten wir doch wochenlang das Auto nicht mehr in der Garage parken, weil dort die Wichtelparadiese ausgestellt waren.

Ein großer Dank geht an William Reinecke von MAREIN AG, der mir ganz viel tolles Bastelmaterial aus seiner I AM CREATIVE-Linie zur Verfügung stellte und es erst ermöglichte, dass ich dieses Buch schreiben konnte. Auch David Dick und Balthasar Hutter aus seinem Team möchte ich für die großartige Zusammenarbeit danken. Sie machten die wunderschönen Fotos. Stundenlang drapierten wir zusammen die Miniaturwelten, bis das perfekte Bild entstand.

Dann ist da meine liebe Herzensfreundin Doris Bremgartner. Sie hat mich unglaublich unterstützt, ist mir oft auch bis spät in die Nacht in meinem Atelier beim Basteln zur Seite gestanden und hat mich mit ihren Inputs inspiriert. Danke dir von Herzen!

Liebe Florence Schär-Diserens, danke, dass du mich mit deiner kreativen Hand so unkompliziert unterstützt hast. Es macht immer wieder Freude mit dir zusammenzuarbeiten.

Natürlich haben mich auch meine Bastelwichtel besucht und mir genau mitgeteilt, wie sie ihre Behausungen gerne hätten. Jetzt wünschen die Wichtel und ich euch eine freudige Bastelzeit.

Eure Carine

INHALT

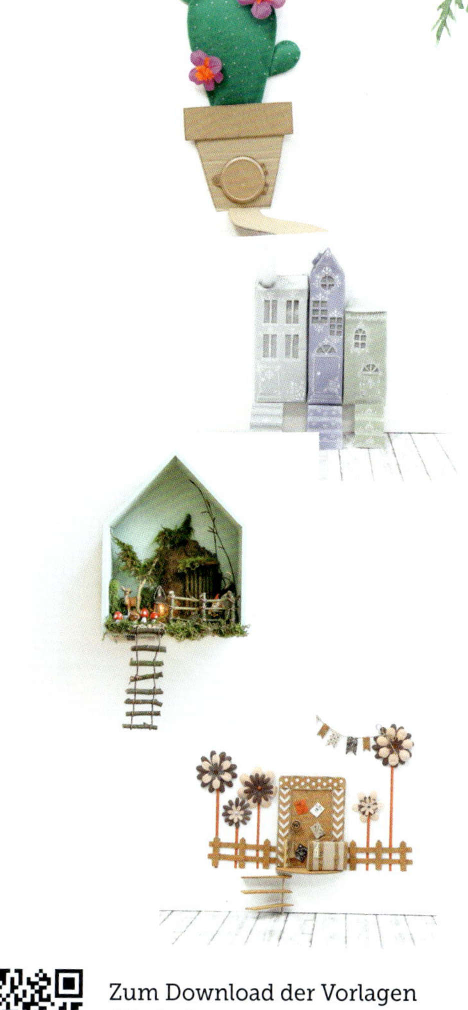

Zum Download der Vorlagen QR-Code scannen oder das Buch unter **emf-verlag.de** suchen und dort „Downloads" anklicken.

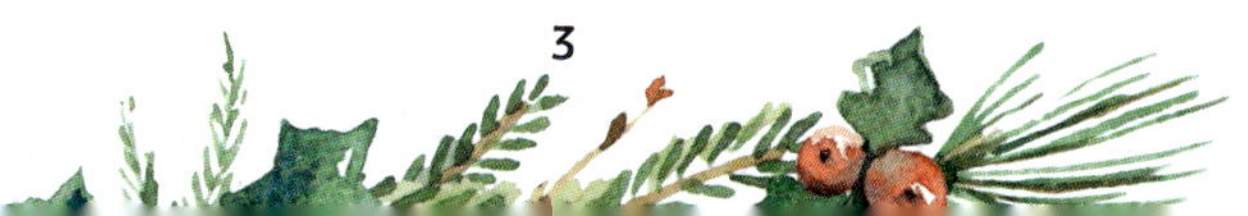

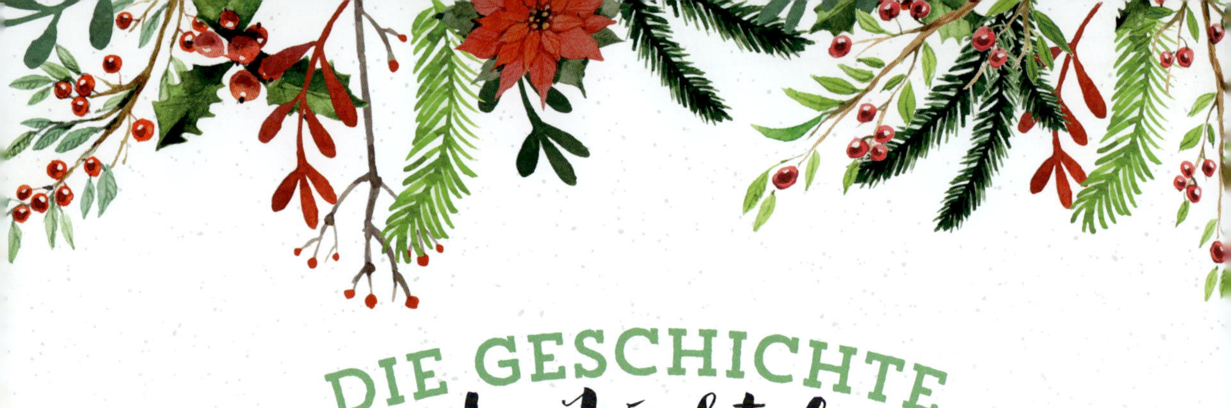

DIE GESCHICHTE der Wichtel

Rund um die kleinen Wichtel existieren zahlreiche Geschichten. In einem sind sich die meisten Überlieferungen jedoch einig, nämlich darüber, dass der Wichtel ursprünglich aus dem Nordischen kommt und dort unter dem Namen „Nisse“ bekannt ist. Sein Ursprung geht sehr weit in die heidnische Zeit zurück. Da man früher viele Ereignisse nicht erklären konnte, waren es einfach die Nissen, die ihr Unwesen trieben.

In Finnland nennt man den Wichtel „Tonttu“ und in Schweden „Tomte“. Der bekannteste schwedische Wichtel ist wohl Astrid Lindgrens „Tomte Tummetott“ aus ihren gleichnamigen Kinderbüchern.

Die Nissen bzw. Wichtel sind kleine zauberhafte Wesen, die hauptsächlich in Häusern, Höfen und Scheunen wohnen. Man findet sie aber auch in Kirchen, Schlössern, auf Schiffen und im Wald. Sie sollen die Bewohner beschützen und ihnen Glück bringen. Werden sie jedoch nicht gut behandelt, können sie schon einmal Streiche spielen und für Unordnung sorgen.

Aus diesem Grund gibt man den kleinen Wichteln vor allem an Weihnachten kleine Geschenke. Andere Überlieferungen schreiben, dass man die Wichtel zu jeder Jahreszeit mit kleinen Geschenken glücklich stimmen kann.

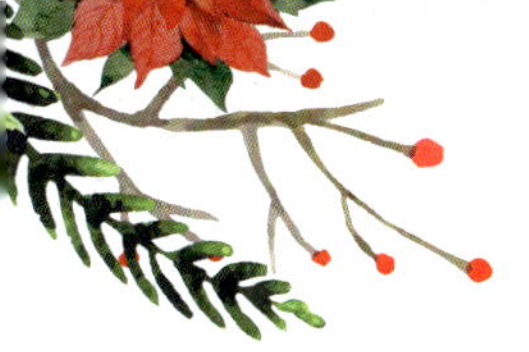

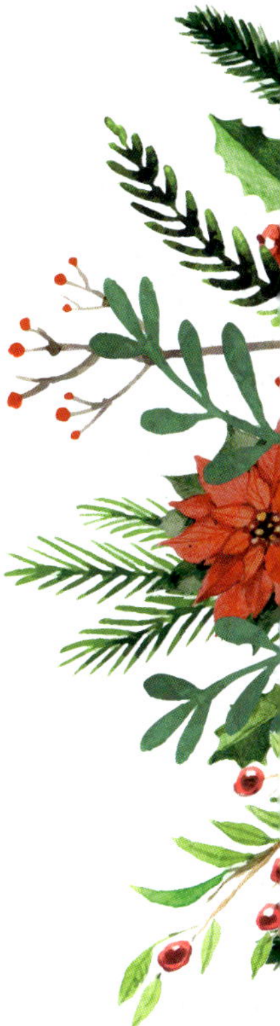

Neben dem traditionellen Hauswichtel gibt es auch noch den Weihnachtswichtel („Julenisse"), der dem Weihnachtsmann beim Geschenkeverteilen unter die Arme greift. Das erklärt vermutlich auch, wieso den Wichteln gerade zur Weihnachtszeit eine größere Bedeutung zukommt. Vielleicht kennt ihr auch das „Wichteln" zur Weihnachtszeit. Hier wird der zu Beschenkende ausgelost, damit geheim bleibt, von wem das Geschenk ist.

In Deutschland kannte man vor allem im kölnischen Raum kleine Hausgeister namens „Heinzelmännchen" oder Wichtel. Sie werkelten in der Nacht und halfen den Bewohnern bei ihren Arbeiten. Heinzelmännchen wollten aber nicht bei der Arbeit beobachtet werden und da dies öfters nicht respektiert wurde, verschwanden sie irgendwann auf Nimmerwiedersehen aus den Häusern.

Wenn man anfängt, sich mit der Geschichte der Wichtel und Feen zu befassen, stößt man auf interessante und zauberhafte Überlieferungen. Geben wir unseren Kindern ein kleines Stück dieser Zauberwelt mit auf ihren Weg, indem wir für sie eigene Geschichten rund um ihre persönliche Wichteltüre erfinden.

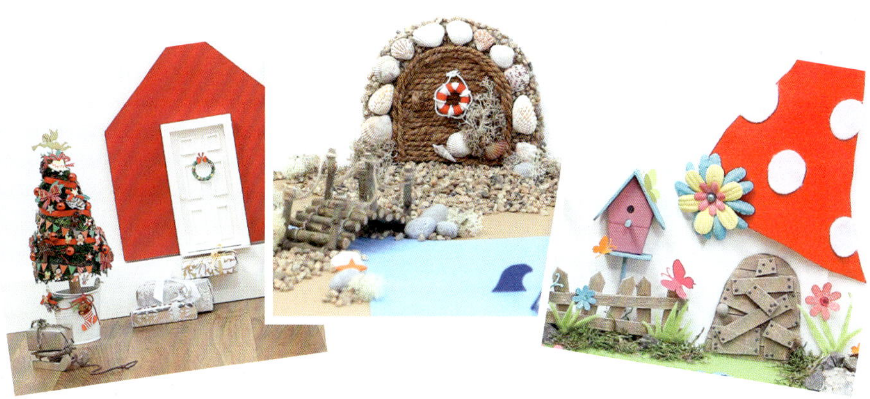

BASISMATERIAL

WICHTIGER HINWEIS

Bei allen Wichteltüren werden Kleinteile verwendet, die verschluckt werden können. Achte daher unbedingt darauf, dass die Wichteltüren bei kleineren Kindern außer Reichweite angebracht werden und alle Teile gut verklebt sind.

BASISMATERIAL

Dieses Material wird am häufigsten für die Wichteltüren verwendet:

- Bleistift, Spitzer und Radiergummi
- Maßstab oder Geo-Dreieck
- Bastelschere und eine Gartenschere für Naturmaterialien
- Eine kleine Zange
- Cutter, Japanmesser
- Heißklebepistole
- Klebestreifen, Masking Tape oder Teppichklebeband
- Schneid- oder Bastelunterlage
- Acrylfarben

BEFESTIGUNGSMÖGLICHKEITEN FÜR DIE WICHTELTÜREN

Teppichklebeband hält in der Regel sehr gut und dauerhaft. Es kann passieren, dass sich beim Entfernen etwas Wandfarbe mit ablöst.

3D-Klebepunkte halten ebenfalls sehr gut an der Wand und lassen sich in den meisten Fällen trotzdem wieder gut ablösen.

Es gibt zudem verschiedene Klebestreifen und Befestigungssysteme. Schaut euch im Baumarkt um.

MODELLIERMASSEN

Wenn von farbiger Modelliermasse die Rede ist, sprechen die meisten von FIMO©. Dies ist aber eigentlich nur der Markenname des Herstellers dieser einen Modelliermasse. Trotzdem werde auch ich in diesem Buch den Namen FIMO© verwenden, da er sehr geläufig und weit verbreitet ist.

Falls mit Kindern gemeinsam gebastelt wird, empfehle ich den weicheren FIMO© Soft oder FIMO© Kids.

Modelliermasse wird geknetet, geformt und im Backofen ausgehärtet. Da die meisten FIMO©-Arten nicht lufttrocknend sind, kann man sie auch in geöffnetem Zustand lange aufbewahren, ohne dass sie schlecht werden.

Das FIMO©-Zubehör-Sortiment ist sehr groß und es gibt verschiedene Werkzeuge, Förmchen usw. Wenn ihr FIMO© erst einmal testen möchtet, könnt ihr euch aber auch mit Werkzeugen aus dem Haushalt

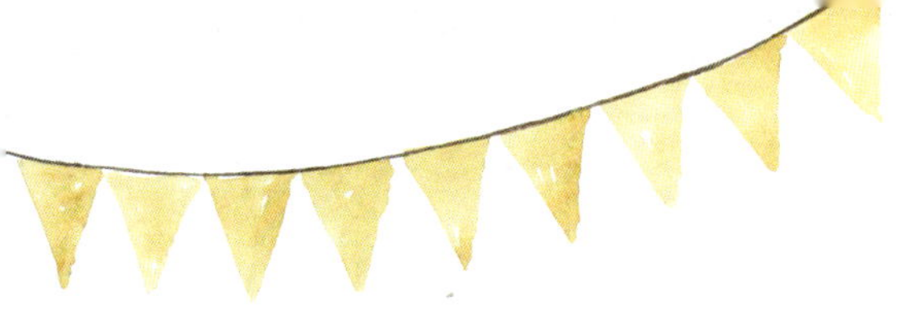

behelfen: Küchenmesser zum Einritzen von Strukturen, Nagel oder Ahle zum Vorlochen, Pizzaroller zum Zuschneiden von größeren Stücken.

Ich würde Gerätschaften, die auch mit Lebensmitteln in Berührung kommen, nach der FIMO©-Bearbeitung nicht mehr für ebenjene verwenden. Zum Reinigen von FIMO©-Formen eignet sich Speiseöl.

HEISSKLEBER

Heißkleber ist der Alleskleber schlechthin. Er eignet sich für fast alle Materialien. Der Klebstoff ist in Stangenform (Sticks) durchsichtig oder weiß verfügbar und wird mit einer Heißklebepistole aufgetragen.

Er gehört für mich zur Grundausstattung für fast alle Bastelarbeiten. Er klebt Oberflächen innerhalb weniger Sekunden zusammen. Einzig bei Styropor und einigen Plastikarten kann es passieren, dass diese durch die hohe Hitze schmelzen.

BETON

Beton ist nicht ungiftig und kann Hautreizungen verursachen, deshalb sind diese Arbeiten am besten mit Handschuhen und Schutzbrille auszuführen und nichts für Kinder. Asthmatiker sollten zudem einen Mundschutz tragen.
Es gibt verschiedene Arten von Beton:

- Beton aus der Bastelabteilung: Ideal für alle Wichteltüren-Projekte
- Beton aus dem Baumarkt: Auf die Steinchengröße achten. Ideal sind 0–8 mm. Lange Trocknungszeit.
- Express-Beton: Härtet schnell aus. Bedingt zügiges Arbeiten.
- Knetbeton: Wird mit Wasser angemischt, kann aber in Form geknetet werden.

Gut antrocknen lassen, aus der Form schälen und fertig trocknen lassen. Nie an die Sonne stellen oder föhnen. Dies kann zu Rissen führen. Kanten mit Schleifpapier verfeinern und Staub entfernen.

FARBE

Wenn ihr eure Wichteltüren draußen, z. B. im Garten anbringen wollt, verwendet Außen-Dispersionsfarbe. Für den Innenbereich eignet sich Acrylfarbe.

ACHTUNG

Heißkleber ist nicht für kleine Kinder geeignet! Der Klebstoff wird bis auf 190 °C erhitzt und kann bei Hautkontakt schmerzhafte Verbrennungen verursachen!

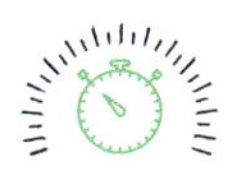

EXPRESSTÜREN

... im Handumdrehen gebastelt.

ZUBEHÖR

...Wichtel-Gadgets, passend für jede Tür!

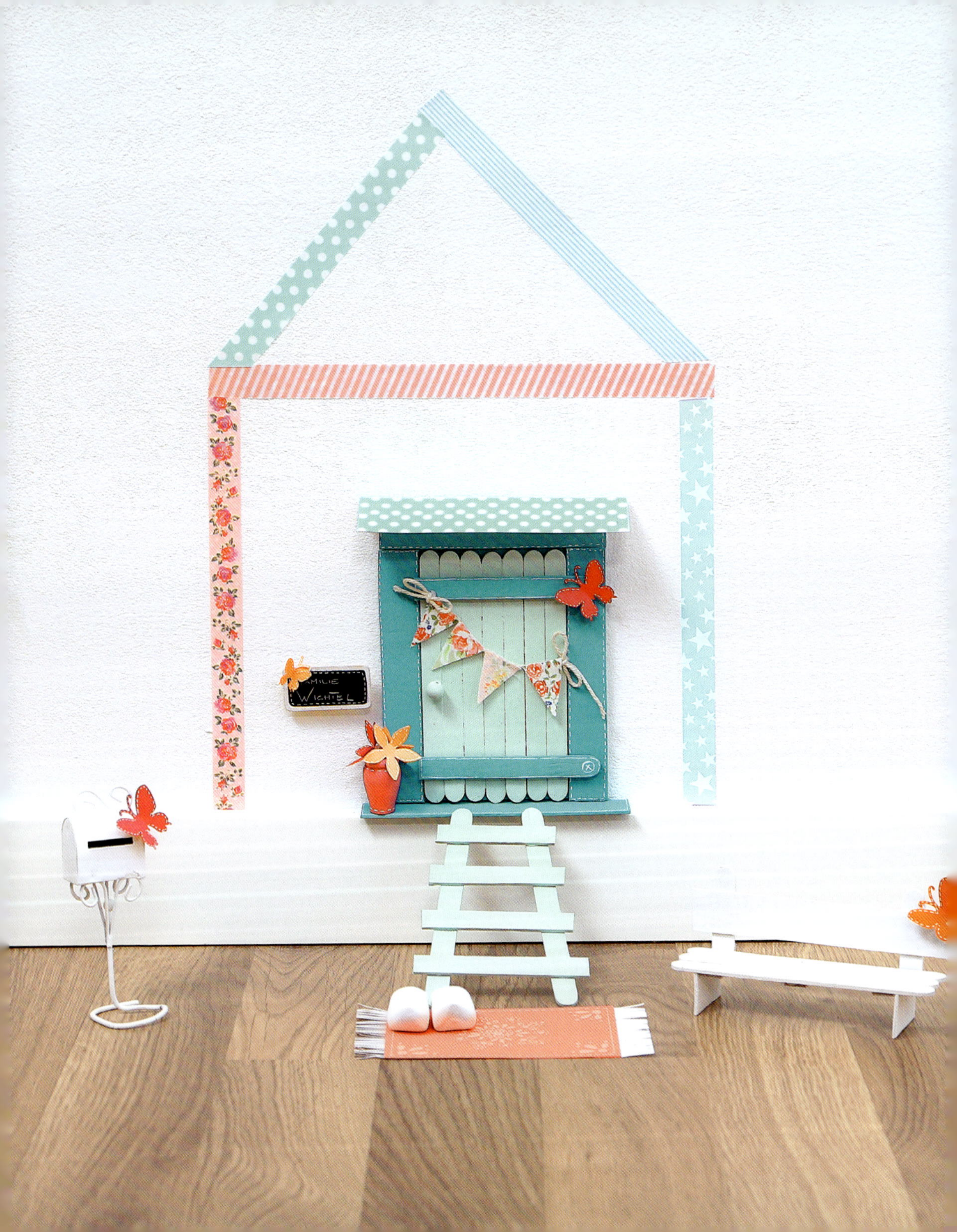
AMILIE
WICHTEL

01 FAMILIE WICHTELS Bastelholz-Türe

Familie Wichtel liebt kleine Überraschungen. Sie freuen sich, wenn ihnen ihre Schützlinge eine Blume oder Zeichnung vor die Wichteltüre legen.

Als Dankeschön hüpfen sie in der Nacht durch das Zimmer und schicken schöne Träume.

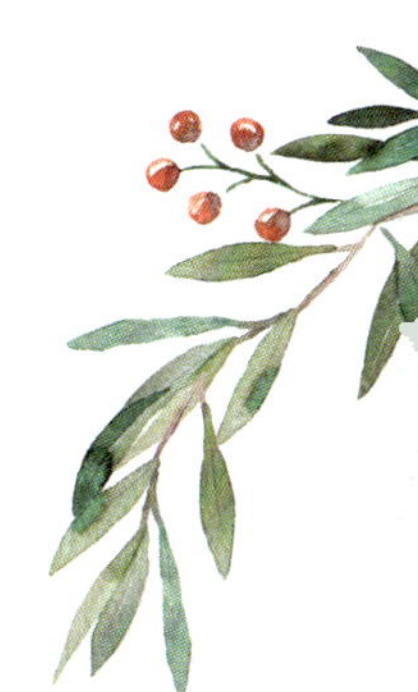

DU BRAUCHST

- Basismaterial *(siehe Seite 6)*
- Bastelhölzer schmal & breit
- Karton (Untergrund Tür)
- Eine Perle (Türgriff)
- Acrylfarbe oder Chalk-Spray
- Gel-Stift in Weiß
- Schnur (Wimpelkette)
- Masking Tape
- Papier (Teppich, Blumen und Vögel)

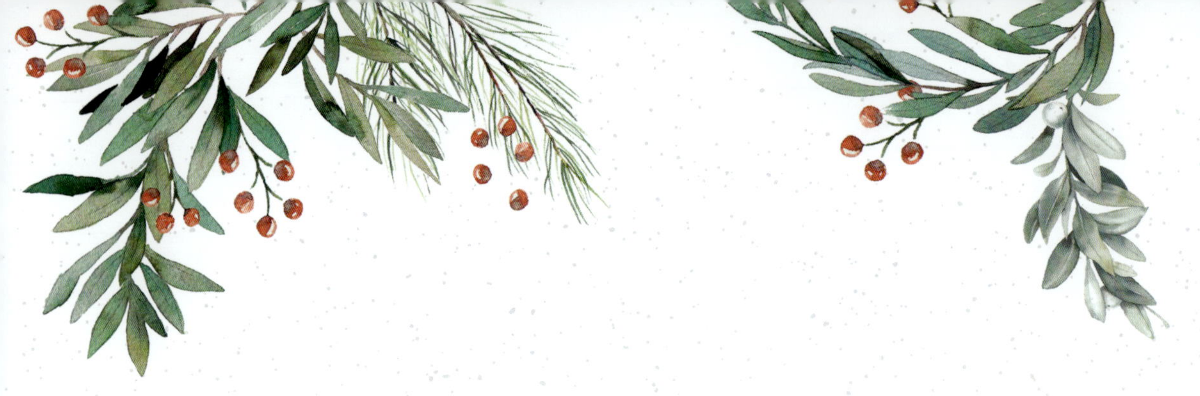

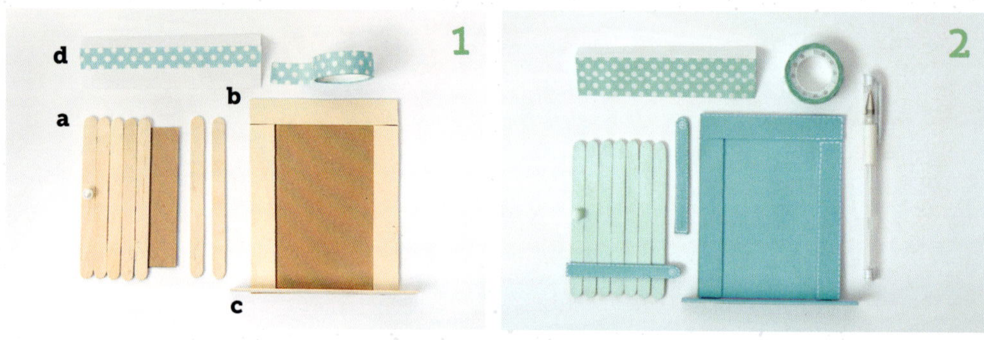

1 Schneide als Basis für die Türe ein Stück Karton in der Größe 7 x 10 cm zu. Auf diesem Karton fixierst du 7 Bastelhölzer **(a)** mit Heißkleber und befestigst darauf die Perle für den Türgriff. Für den Türrahmen **(b)** brauchst du ein Stück Karton in der Größe von 15,5 x 13,5 cm als Untergrund. Drei breite Bastelhölzer für den Rahmen zuschneiden und auf den Karton kleben. Den Fußboden **(c)** nicht vergessen. Das kleine Vordach **(d)** aus einem etwas festeren Stück Papier zuschneiden. Breite des Vordachs: 2 x Breite Masking Tape plus 1,5 cm Zugabe auf einer Seite, damit du das Dach an der Tür-Rückseite fixieren kannst. Damit die Wichteltüre am Schluss exakt in den Türrahmen passt, teste vor dem Fixieren des letzten Türrahmenholzes, ob sie in den Rahmen passt.

2 Jetzt kannst du die fertigen Teile in deiner Wunschfarbe besprühen oder bemalen. Sprühe immer aus genügend Distanz zu den Objekten und lieber in zwei Schichten. Damit vermeidest du Farbtropfen und unschöne „Nasen". Sobald die Farbe trocken ist, kannst du die Türe mit etwas Heißkleber im Türrahmen fixieren. Mit weißem Gelstift die Nähte aufmalen.

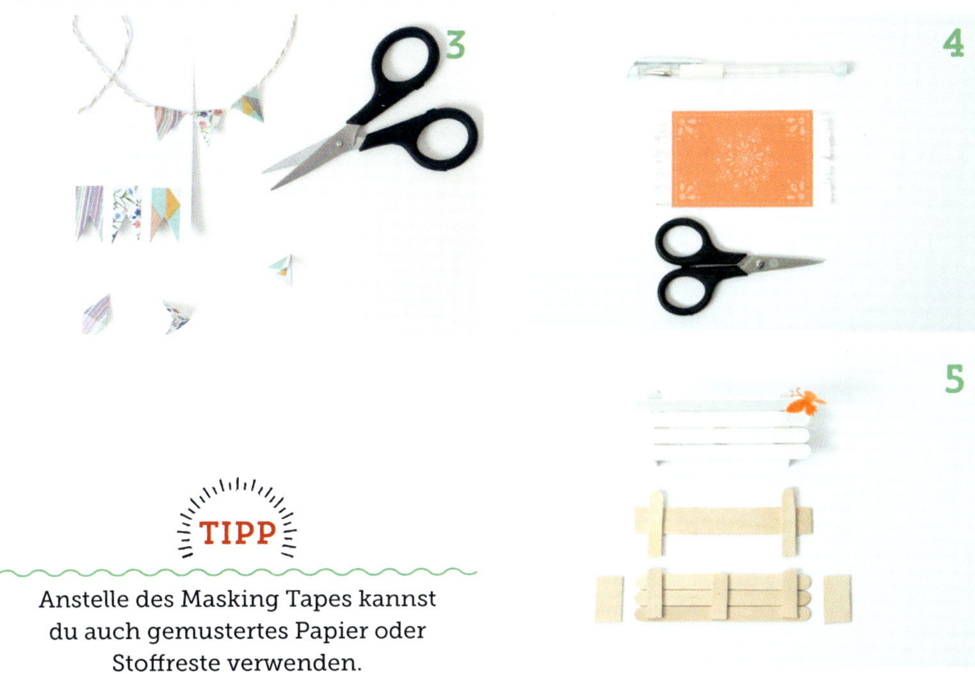

TIPP

Anstelle des Masking Tapes kannst du auch gemustertes Papier oder Stoffreste verwenden.

3 Für die Wimpelkette brauchst du Masking Tape. Das Tape auf ein Papier kleben, Wimpel zuschneiden und an der Schnur festmachen. Die fertige Girlande kann dann an der Türe befestigt werden.

4 Für den kleinen Teppich ein Stück Papier in der gewünschten Größe zuschneiden, mit weißem Gelstift verzieren und auf beiden Seiten einen Streifen Papier mit Fransen ankleben.

5 Die Sitzbank benötigt 4 schmale und 2 breite Bastelhölzer. Auf dem Schrittfoto siehst du, wie die Bastelhölzer zugeschnitten und angeordnet werden müssen, damit daraus eine gemütliche Gartenbank wird. Am Schluss in der gewünschten Farbe bemalen oder besprühen.

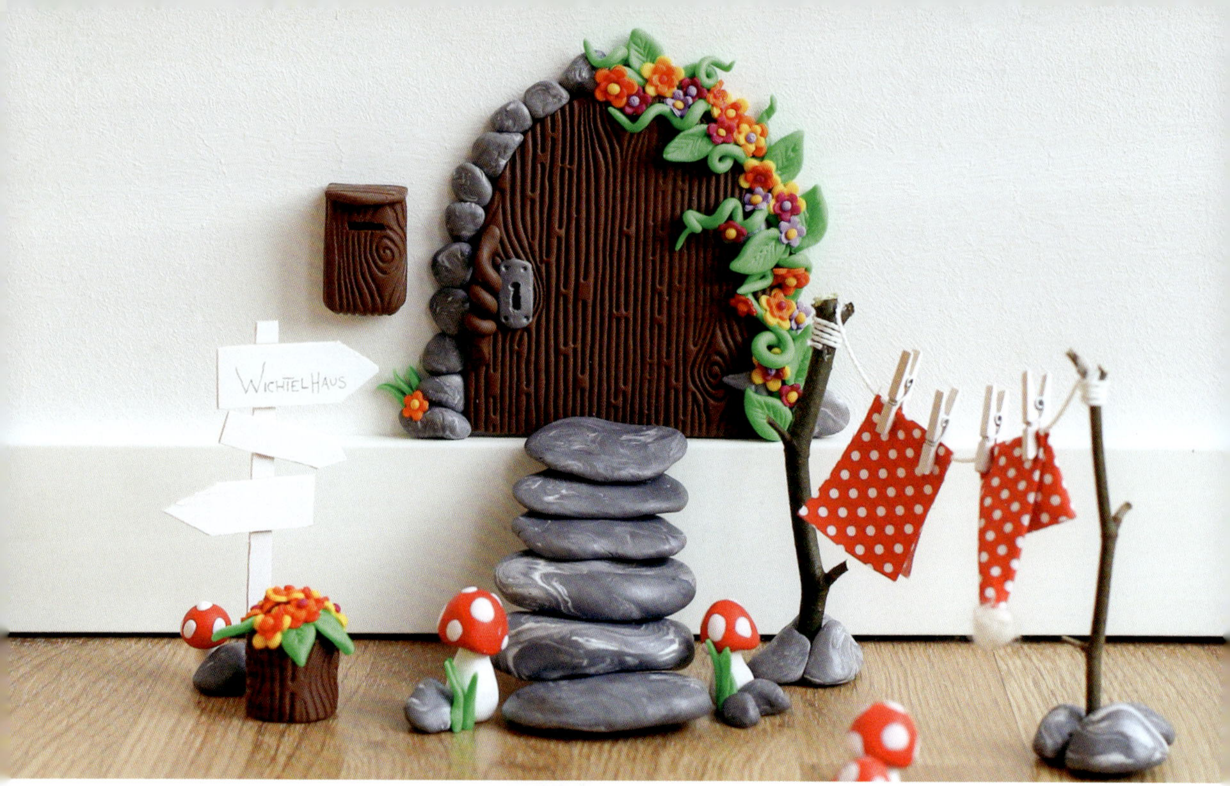

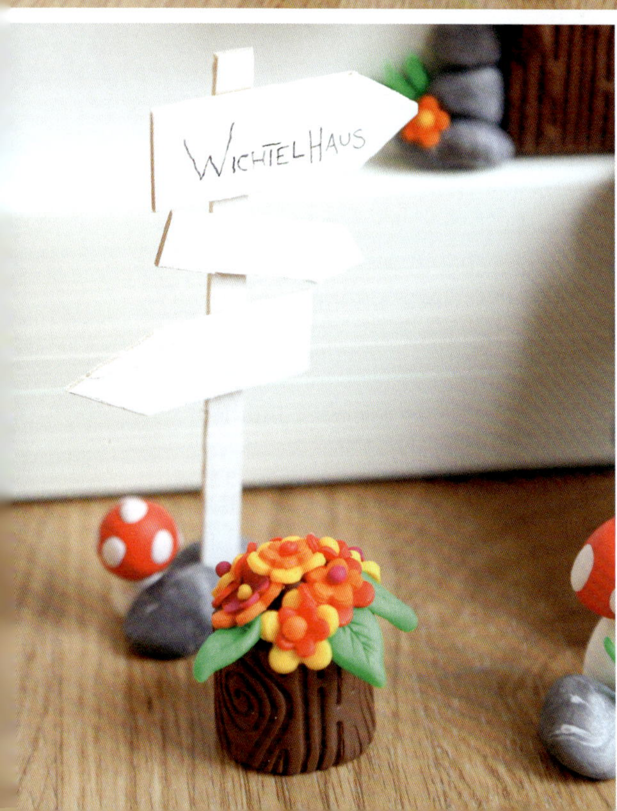
WICHTELHAUS

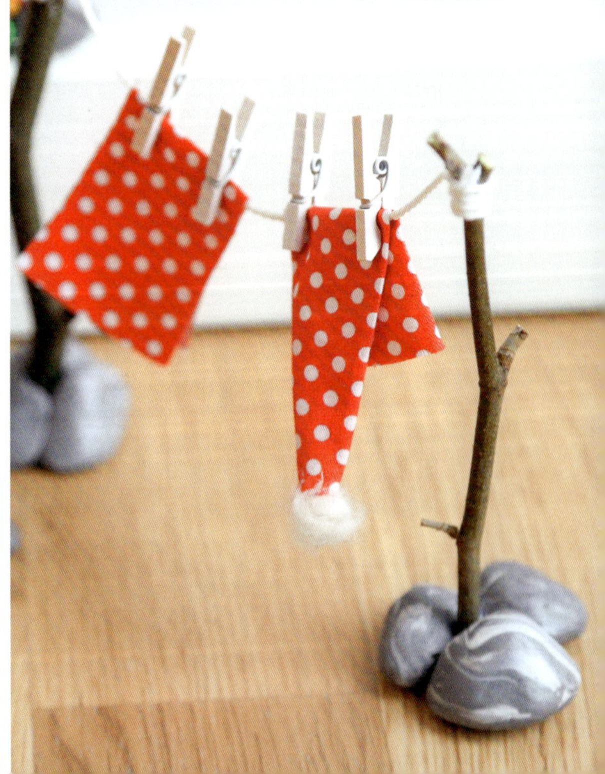

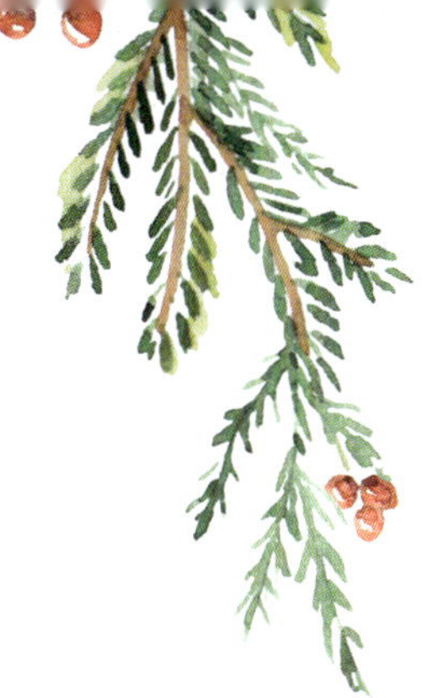

02

WICHTEL TOPSIS bunte Tür

Wichtel Topsi liebt es ordentlich. Leider stolpert er nachts oft über Spielsachen. Wird es ihm zu bunt, legt er ein Zettelchen vor die Wichteltüre: „Bitte liebe Kinder, räumt doch mal wieder euer Zimmer auf". Ist das Zimmer dann blitzblank, bedankt er sich mit einem kleinen Dankesbriefchen.

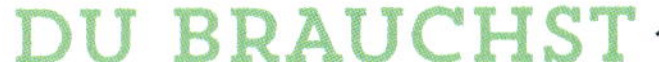

DU BRAUCHST

- Basismaterial *(siehe Seite 6)*
- Modelliermasse/FIMO©
- Nudelholz, FIMO©- oder Nudelpresse
- Prägematte mit Holzstruktur oder Ahle
- Schnur
- Stoffreste
- Mini-Keksausstecher „Blume"
- 2 Bastelhölzer
- Acrylfarbe in Weiß
- Modellierwerkzeug mit Rundknopf

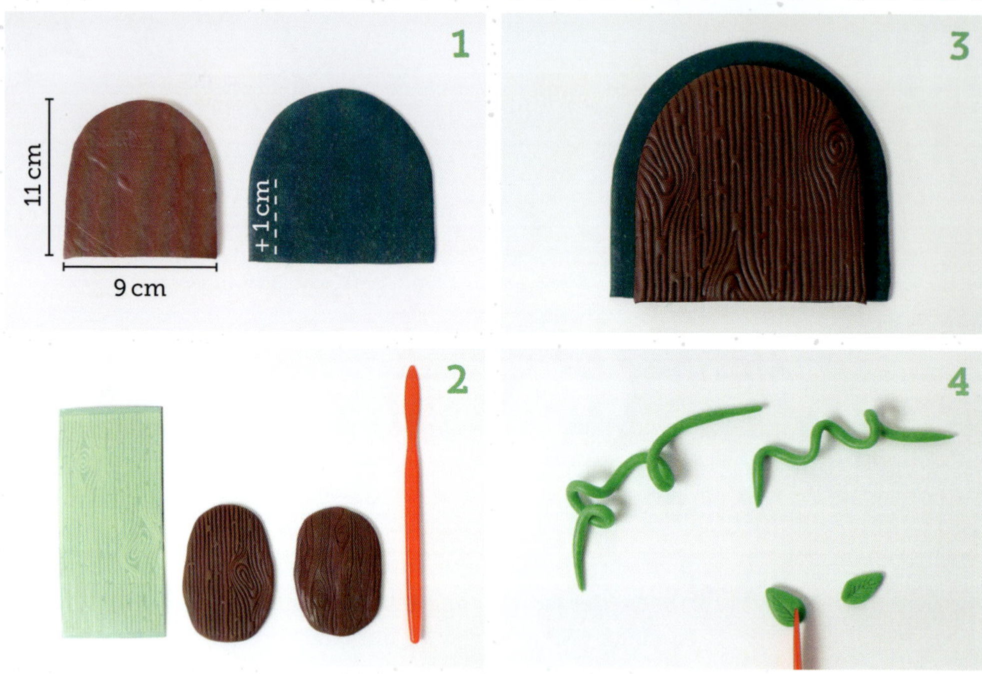

1 Du benötigst zwei Türformen (Türe & Unterlage). Das Türstück in Braun darf ca. 0,5 cm dick sein, damit du die Holzstruktur einritzen kannst. Da die Türe mit Blumenranken und Steinen eingefasst wird, braucht sie eine Unterlage, auf der die Ranken und Steine befestigt werden. Hierfür schneidest du die grüne Türunterlage zu.

2 Es gibt verschiedene Möglichkeiten, eine Holzstruktur zu gestalten; ob mithilfe von Prägematten, einer Ahle oder einer dünnen Stricknadel – die Holzstruktur kann ganz leicht in die Masse eingeritzt werden.

3 Setze nun die Tür auf den grünen Untergrund. Wird dies vor dem Aushärten gemacht, werden die Teile durch das Backen im Ofen zusammenhalten. Türgriff und Schloß nicht vergessen!

4 Die Tür wird auf der rechten Seite von einer Blumenranke mit bunten Blüten umspielt. Forme zuerst eine dünne Schlange aus FIMO© und bringe sie in Schlaufen gedreht auf der rechten Türseite an. Blätter formen und mit einem Cutter die Blattstruktur einritzen.

5 Für die Blüten kannst du Mini-Keksausstecher verwenden. Die **Schritte a–d** zeigen dir die Einzelteile der Blüte.

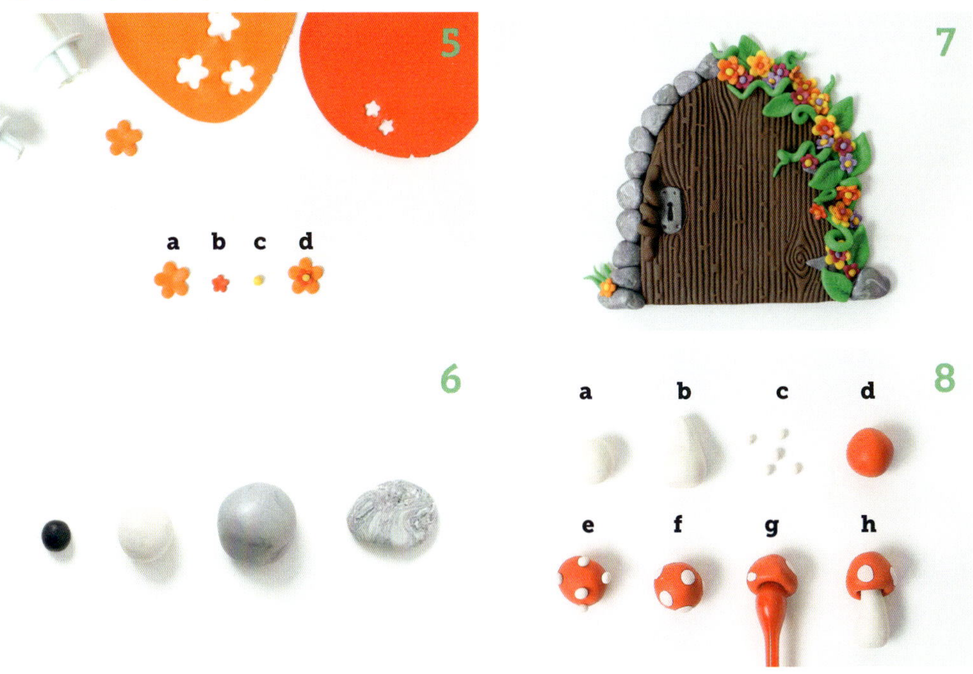

6 Für natürlich wirkende Steine schwarzes und weißes FIMO© zusammenmischen und zu kleinen Ovalen formen.

7 Nun die Blumen auf die Ranke setzen und die Steine am linken Türbogen befestigen. Die Tür ist nun fertig und kann zum Aushärten in den Ofen. Bitte Temperatur und Backzeit auf der Verpackung der Modelliermasse beachten.

8 Für den Pilzfuß eine weiße Kugel zu einem Kegel formen. Der Pilzhut besteht ebenfalls aus einer Kugel. Forme für die Flecken winzige kleine Kügelchen und drücke sie auf dem roten Pilzhut fest. Zum Schluss den Pilzhut mithilfe eines Modellierwerkzeugs innen etwas ausbeulen und auf den vorbereiteten Fuß setzen **(Schritte a–h).**

Mit etwas Speiseöl und einem Tuch lassen sich die Förmchen sehr gut reinigen. Verwende sie trotzdem bitte nach dem Gebrauch nicht mehr für Lebensmittel!

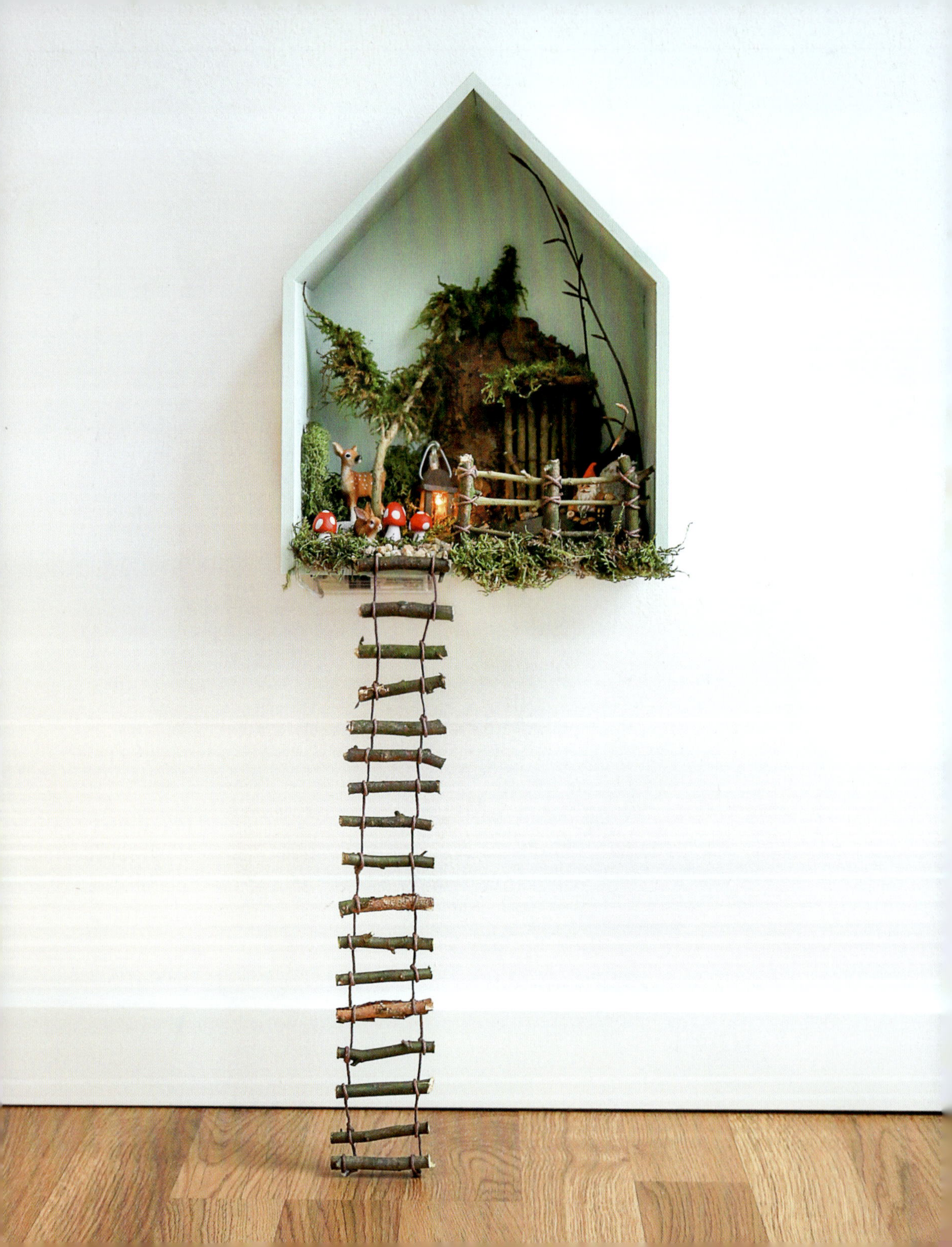

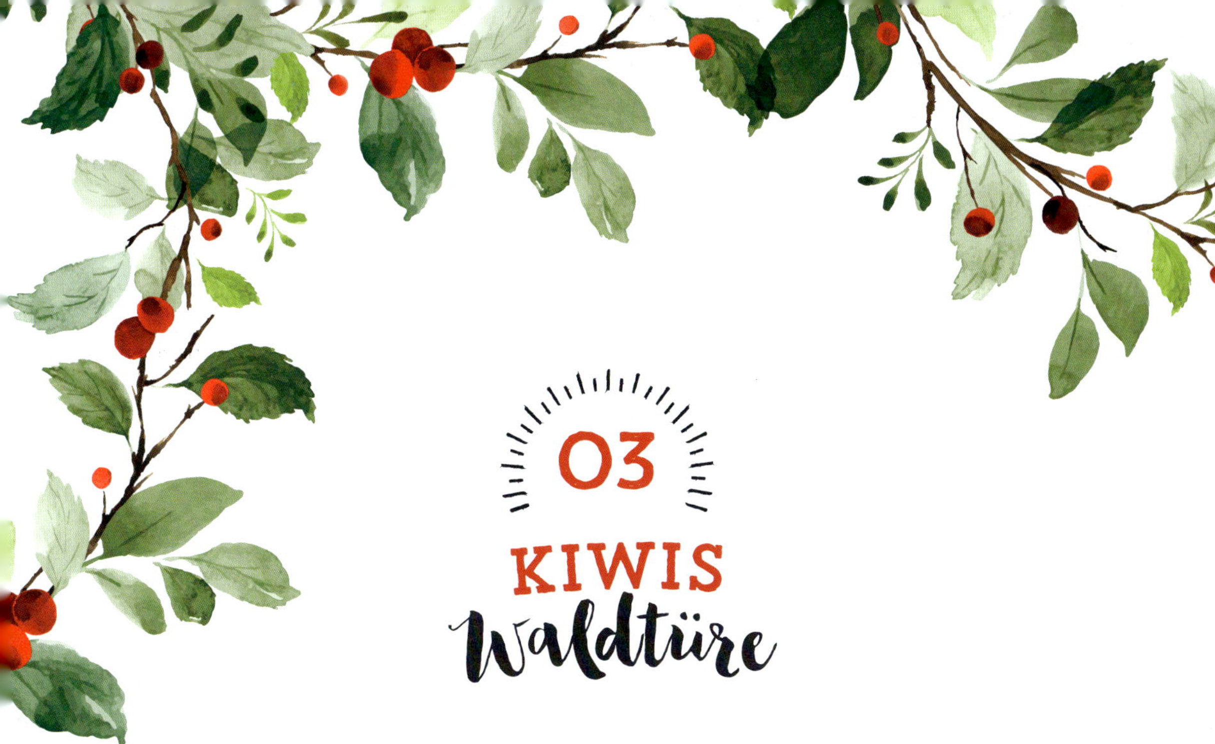

03

KIWIS Waldtüre

In diesem kleinen Waldparadies wohnt Kiwi der Waldwichtel. Tagsüber macht er gerne kleine Wanderungen in der Natur und da er Tiere so gerne mag, kümmert er sich in der Nacht um die Stofftiere seiner Schützlinge.

DU BRAUCHST

- Basismaterial *(siehe Seite 6)*
- Holzbox in Hausoptik
- Acrylfarbe oder -spray
- Schnur
- Moos, Hölzer und Geäst
- Filz, Hölzchen, Deckel, Fadenspule (für die Pilze)
- Gartenschere

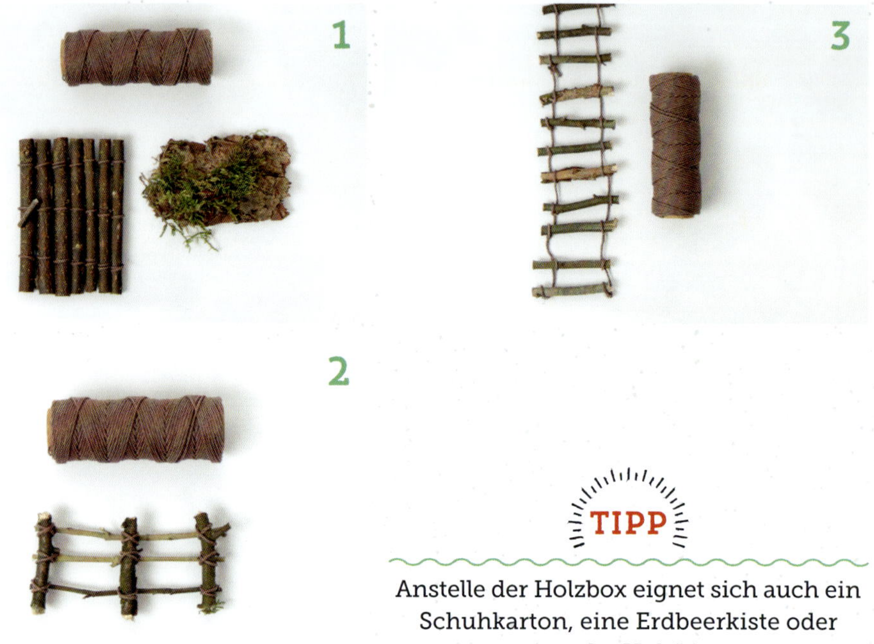

TIPP

Anstelle der Holzbox eignet sich auch ein Schuhkarton, eine Erdbeerkiste oder eine alte Holzkiste.

Bei dieser Türe können auch kleinere Kinder wunderbar mithelfen. Sammelt auf dem nächsten Spaziergang verschiedene Waldmaterialien wie Moos, Rindenstücke, Äste, Kieselsteine usw. Klopft das Material gut aus, da sich bei Naturmaterialien gerne kleine Waldbewohner als blinde Passagiere in die Wohnung schleusen. Falls ihr die Wandbox gerne bemalen möchtet, macht dies, bevor ihr mit dem Basteln beginnt. Ihr könnt sie aber auch natürlich belassen oder das Dach mit Moos bekleben, von Kindern bemalen lassen, mit Bastelhölzern bekleben usw.

1 Die Tür wird aus kleinen Zweigstücken zusammengebunden. Verwende zum Schneiden am besten eine Gartenschere. Die fertige Tür kannst du mit Heißkleber auf ein Stück Rinde kleben. Es wirkt dann wie ein kleines Häuschen. Zusätzlich ein kleines Stück Rinde mit Moos bekleben und oberhalb der Wichteltüre mit Heißkleber als Vordach befestigen.

2 Für den Zaun kleine Ästchen mit etwas Heißkleber zusammenkleben und danach an den Fixpunkten mit Schnur umwickeln, um die Stabilität zu vergrößern und ihn optisch zu verschönern.

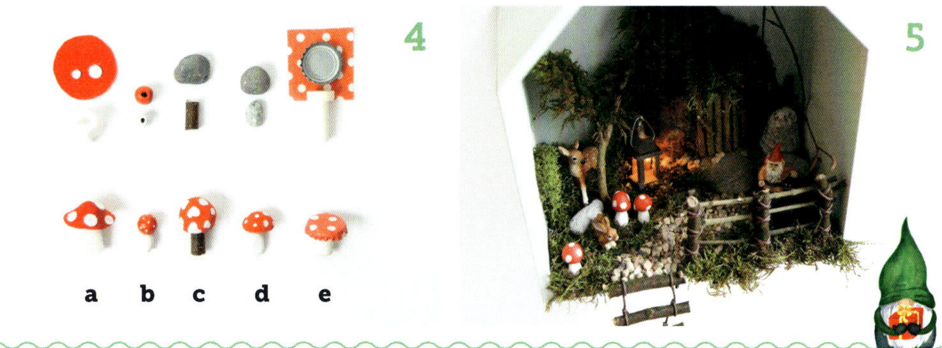

3 Die Wichtelleiter ist natürlich ganz wichtig. Sie sollte bis zum Boden reichen, damit Kiwi in der Nacht seine Streifzüge durchs Zimmer machen kann. Dafür verknotest du die Holzstücke mit Schnur zu einer Leiter.

4 Pilze kannst du aus vielen Materialien zaubern. Wie sie aus Fimo geformt werden, wurde auf Seite 15 erklärt. Außerdem kannst du zwei Filzreste zu Trichtern formen **(a)**, Holzperlen aufeinander kleben und mit weißen Punkten bemalen **(b)**, einen Stein bemalen und auf ein Holzstück kleben. Damit das Rot wirklich kräftig wirkt, den Stein zuerst mit Weiß grundieren **(c)**, zwei Steine **(d)** oder Flaschendeckel und Fadenspule bemalen und bekleben. Den Flaschendeckel dabei weiß grundieren **(e)**.

5 Bei der Gestaltung der Wandbox kannst du dich richtig austoben. Beklebe sie mit Steinen, Moos, oder anderen Naturmaterialien und bastle kleine Bäume aus Ästen oder Tannenzapfen. Vermutlich befinden sich auch in den Zimmern deiner Kinder kleine Waldgummitiere, Playmobil- oder Legofiguren. Diese lassen sich wunderbar in diesen bezaubernden Wald einfügen. Die kleine Laterne findest du beim Wichtel- oder Puppenstuben-Zubehör. Achtung: Nicht ohne Aufsicht brennen lassen.

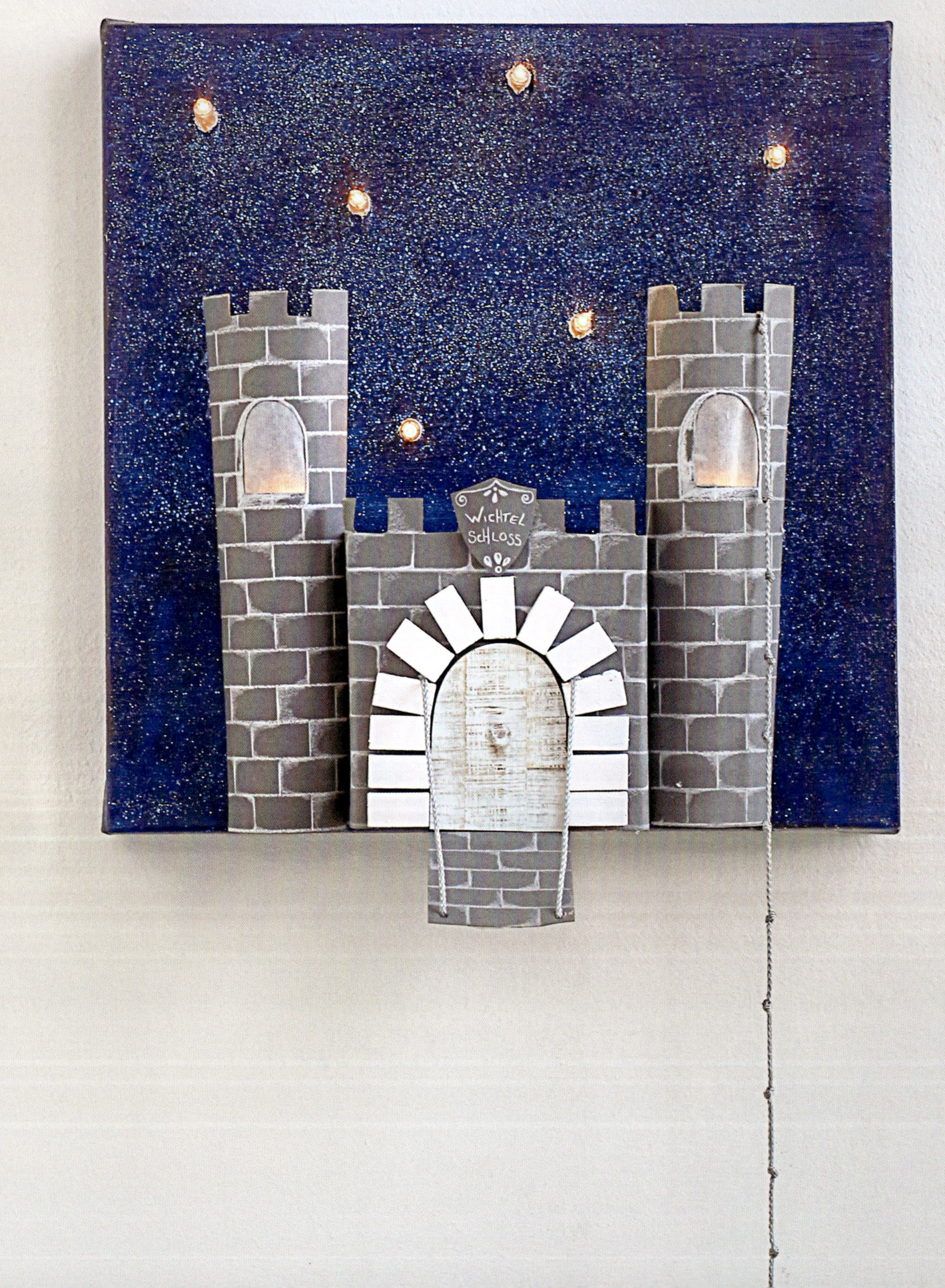
WICHTEL
SCHLOSS

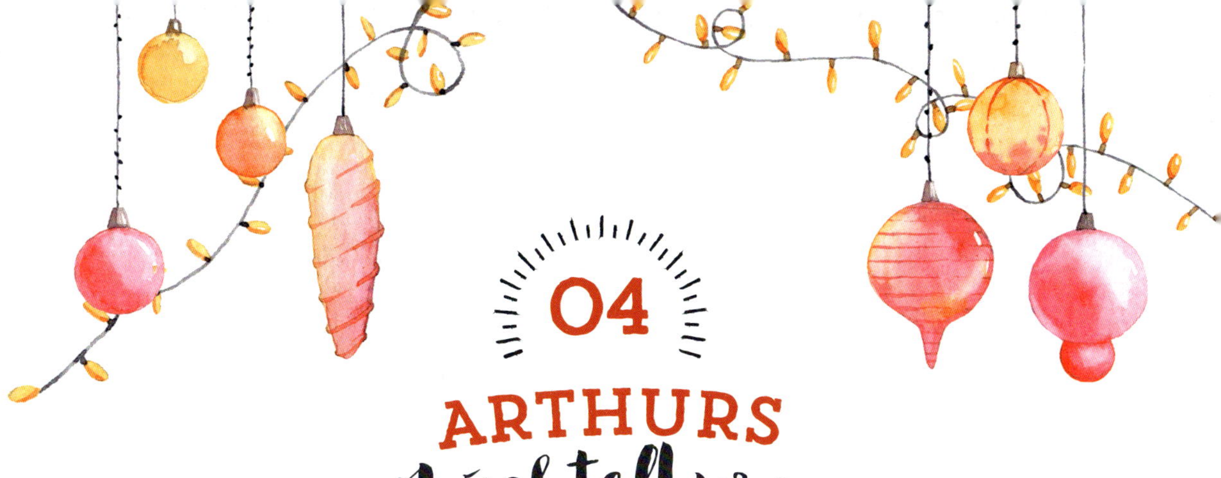

04 ARTHURS Wichtelburg

Ritter Arthur bewacht in der Nacht das Zimmer seiner Schützlinge und passt auf, dass sich keine Monster ins Zimmer schleichen. Erwischt er doch einmal eines, wird es auf Nimmerwiedersehen verjagt.

DU BRAUCHST

- Basismaterial *(siehe Seite 6)*
- Kleine, quadratische Leinwand
- Acrylfarbe in Blau
- Glitter
- Pinsel oder Schwämmchen
- Kartonrolle für die Türme
- Dunkelgraues Papier oder graue Farbe
- Drachenpapier für die Fenster
- Weißer Farbstift
- Karton für den Torbereich
- Kordel
- Ahle
- Kleine Backsteine oder weißes Papier
- LED-Lichterkette

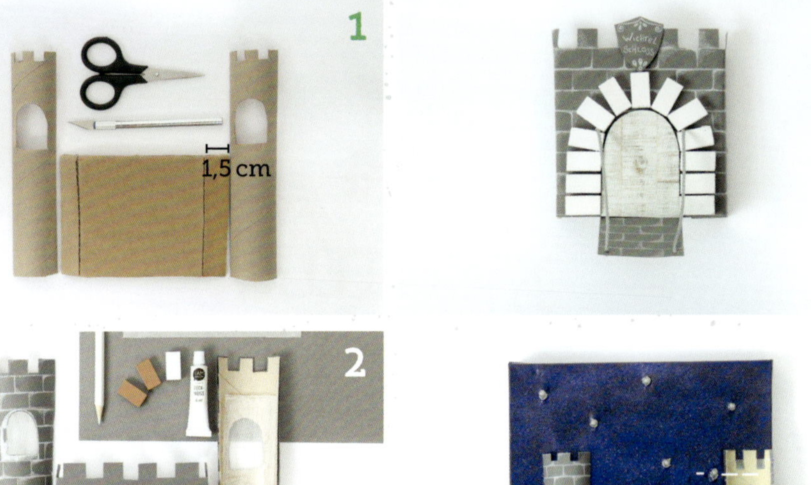

1 Für die beiden Burgtürme eine Kartonrolle (Küchen- oder Geschenkpapierrolle) der Länge nach aufschneiden, die Zinnen einschneiden und die Fensteröffnung herausschneiden. Für den Mittelteil der Burg reicht ein Stück Karton. Schneide ihn in der gewünschten Größe zu. Als nächsten Schritt auf beiden Seiten bei 1,5 cm der Länge nach mit einem Cutter einritzen, damit du die Seitenteile sauber nach hinten klappen kannst. Damit die Farbe Zeit zum Trocknen hat, sollte die Leinwand bereits vor Beginn mit blauer Acrylfarbe angemalt werden. Bevor die Farbe eintrocknet, noch etwas Glitter für einen schönen Sternenhimmelglanz darüberstreuen.

2 Beklebe nun die drei Burgteile mit grauem Papier oder bemale sie in grau. Die Fenster mit Drachenpapier hinterkleben. Drachenpapier ist etwas fester als Seidenpapier und wird zum Beispiel für Laternen, Drachen und Fensterbilder verwendet. Das Burgtor ist mit Backsteinen umrandet. Diese findest du im Bastelladen bei den Mini-Gardening-Artikeln. Im Original sind sie rötlich-braun. Male sie daher am besten weiß an. Nicht vergessen, die Burgsteine mit weißem Farbstift auf das Papier aufzumalen, damit es richtig nach Burgmauer aussieht!

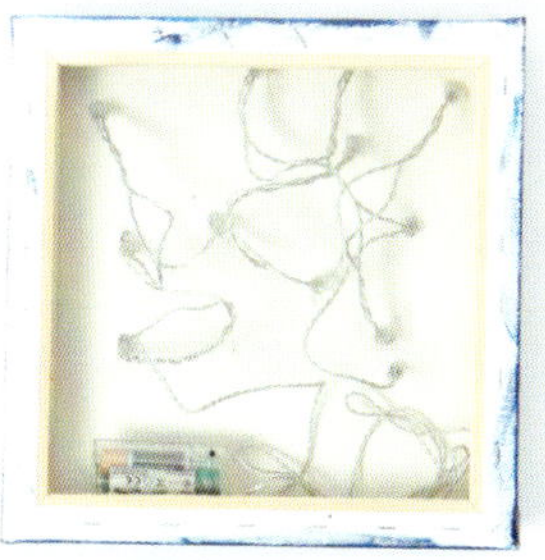

Als Alternative zu den Backsteinen könnt ihr auch einen Holzstab im Baumarkt kaufen und zu kleinen Stücken zersägen. Wer es lieber ganz einfach möchte, klebt weiße Papier- oder Kartonvierecke auf.

3 Jetzt kannst du das Burgstück mit dem Tor fertig machen. Falls du ein Papier mit Holzstruktur findest, verwende dieses für das Tor. Du kannst aber auch die Toröffnung grau belassen und mit weißem Farbstift ein Fallgitter aufzeichnen. Für die Zugbrücke brauchst du nur ein Stück graues Papier. Für mehr Stabilität würde ich eine etwas festere Papierdicke empfehlen oder ein dünnes Stück Karton unterkleben. Damit die Zugbrücke möglichst echt wirkt, brauchst du eine Kordel. Mit Heißkleber kannst du sie auf beiden Seiten des Tors sowie an der Zugbrücke fixieren. Vergiss das Schild oberhalb des Torbogens nicht. Aus Papier zuschneiden, nach Wunsch beschriften und mit Kleber oder Klebepunkten fixieren.

4 Ist die blaue Farbe auf der Leinwand getrocknet, kannst du die Burg auf dem Bild platzieren. Bevor jedoch alles definitiv mit Heißkleber fixiert wird, musst du die Löcher für die Lämpchen der Lichterkette in die Leinwand bohren. Am besten mit einer Ahle vorbohren und danach mit der Schere ausweiten. Achte bei den beiden Türmen darauf, dass die Lämpchen nicht direkt hinter der Fensteröffnung liegen, das Licht wirkt dann schöner.

5 Auf dem Schrittfoto siehst du wie die Leinwand von hinten aussieht. Ganz wichtig ist, dass du wegen der Brandgefahr eine LED-Lichterkette verwendest, da diese nicht heiß wird! Trotzdem nie ohne Beaufsichtigung brennen lassen. Die Lämpchen auf der Rückseite mit Heißkleber rund um die Löcher fixieren. Jetzt kannst du die Burgteile auf der Vorderseite ebenfalls mit Heißkleber fixieren. Zuletzt ein Kletterseil an den Zinnen des Burgturms befestigen und schon kann Wichtel Arthur in seine Burg einziehen.

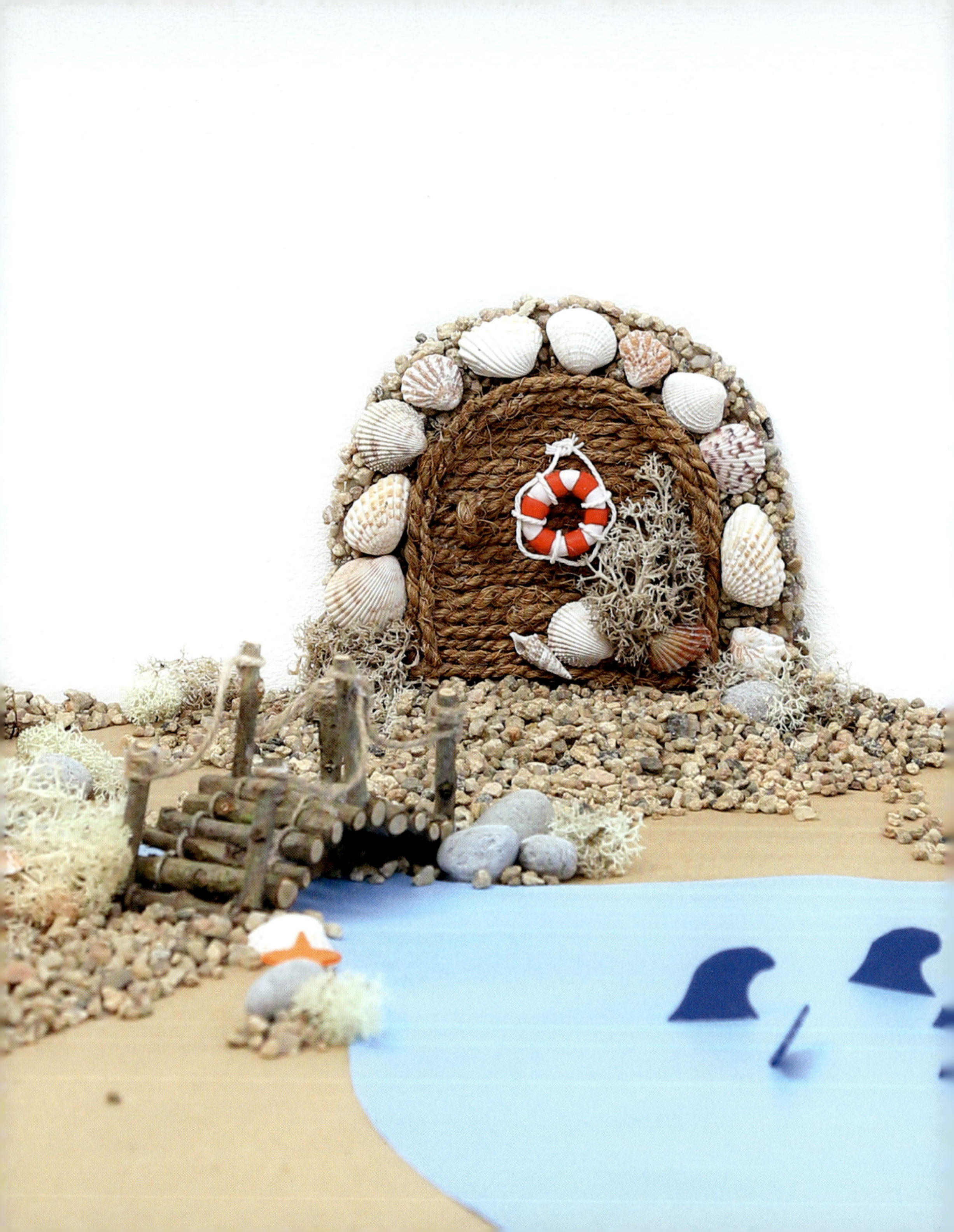

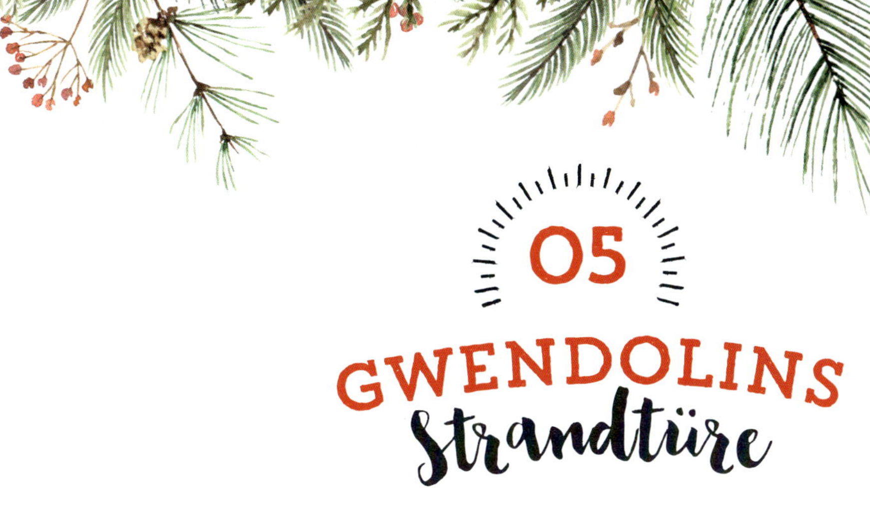

05 GWENDOLINS Strandtüre

Wichtel Gwendolin liebt die Sonne, den Sand und das Rauschen des Meeres. Wenn ihr im Bett liegt, müsst ihr ganz leise sein, vielleicht könnt ihr dann auch die Wellen hören.

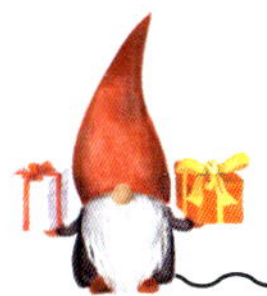

DU BRAUCHST

FÜR DIE TÜR

- Basismaterial *(siehe Seite 6)*
- Kokosgarn
- Karton
- Muscheln
- Helles Islandmoos

FÜR LANDSCHAFT UND ZUBEHÖR

- FIMO© in Weiß und Rot
- Hölzer
- Schnur
- Masking Tape
- Paketpapier und blaues Papier
- Muscheln
- Kieselsteine
- Moosgummi

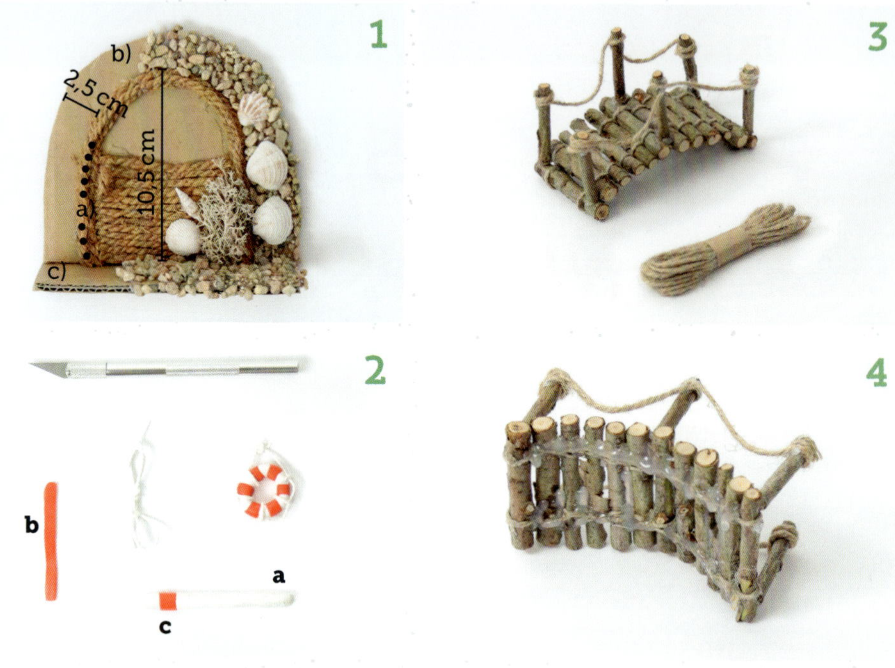

1 Die Türgröße (z. B. 10,5 cm) auf Karton zeichnen. Für den Torbogen **(b)** 2,5 cm dazugeben. Das Bodenstück **(c)** ebenfalls zuschneiden. Mit Heißkleber das Kokosgarn auf dem Karton fixieren. Für die Form den Türrahmen **(a)** mit 3 Streifen Kokosgarn bekleben. Nun den 2,5 cm breiten Torbogen **(b)** mit Heißkleber und Steinchen füllen und mit Muscheln dekorieren. Für den Türknopf ein Stück Garn oder eine kleine Muschel verwenden. Mit Islandmoos als Pflanze und 2 Muscheln erhält die Tür einen typischen Strandlook. Zum Schluss den Boden an der Tür festkleben und mit Steinen dekorieren.

2 Aus weißem Fimo eine Schlange **(a)** formen. Mit rotem FIMO© ein weiteres, dünnes Stück **(b)** zuschneiden, in kleine Stücke schneiden, in gleichmäßigen Abständen um die weiße Schlange legen **(c)** und vorsichtig andrücken. Die weiß-rote Schlange noch einmal rollen, damit sich die Streifen miteinander verbinden und anschließend zu einem Ring schließen. Nun die Ring zum Aushärten gemäß Anleitung auf der Packung in den Backofen geben. Die Schnur erst nach dem Auskühlen am Rettungsring befestigen.

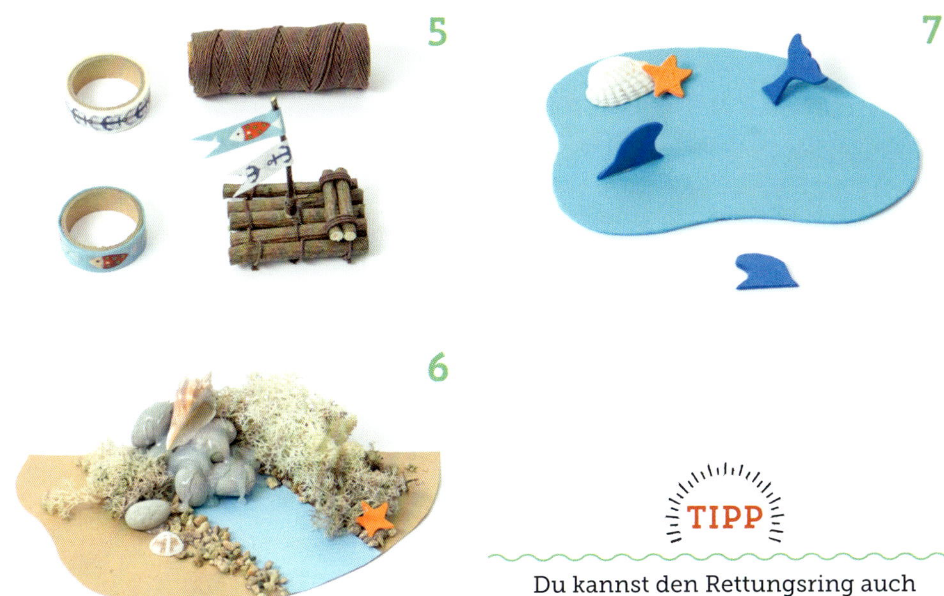

TIPP

Du kannst den Rettungsring auch zeichnen oder aus Filz ausschneiden und an die Türe kleben.

3 Für die Brücke kleine Holzstücke mit einer Schnur miteinander verknüpfen. Dann die Brücke leicht krümmen und die Pfosten mit Heißkleber befestigen.

4 Um die Krümmung zu fixieren, auf der Brückenunterseite entlang der Schnur mit Heißkleber stabilisieren.

5 Um Gwendolin ein Floß zu bauen, brauchst du nur Zweigstücke zusammenzubinden und wie bei der Brücke von unten mit Heißkleber zu fixieren. Den Mast noch mit Masking-Tape-Wimpeln schmücken.

6 Ist er nicht hübsch, der kleine Wasserfall? Du brauchst dafür nur einige Steine zusammenkleben und zum Schluss viel Heißkleber über die Steine fließen lassen. Je nachdem wie transparent das Wasser sein soll, musst du beim Kauf der Heißkleber-Sticks darauf achten, dass diese transparent sind.

7 Die Delfine werden aus Moosgummi zugeschnitten und mit Heißkleber auf der Wasseroberfläche fixiert. Du kannst aber auch Papier für die Seesterne und Delfinflossen verwenden. Gestalte nun die Landschaft ganz nach deinem Geschmack. Dazu benötigst du Packpapier für den Sand und blaues Papier für die Wasserfläche. Muscheln, Sand und Steine machen die Landschaft lebendig.

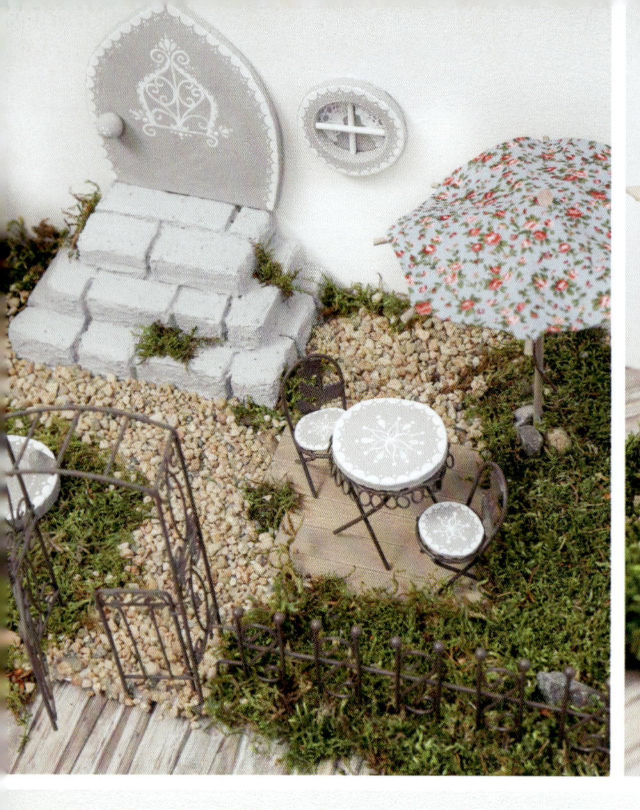

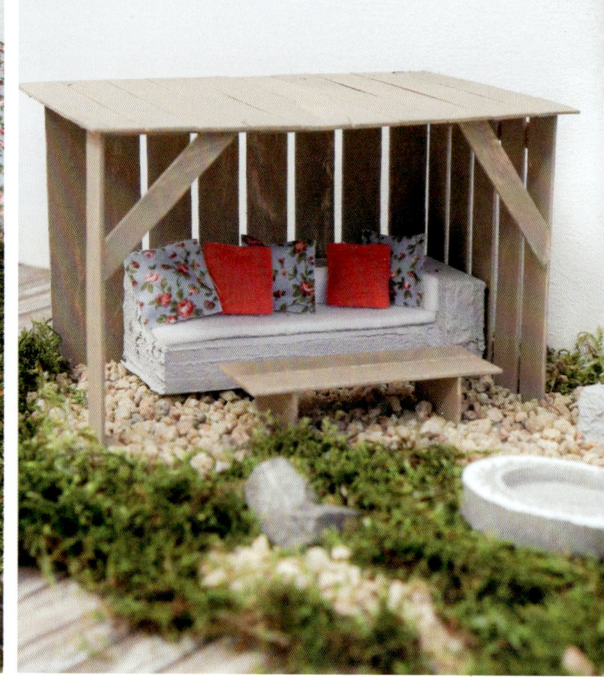

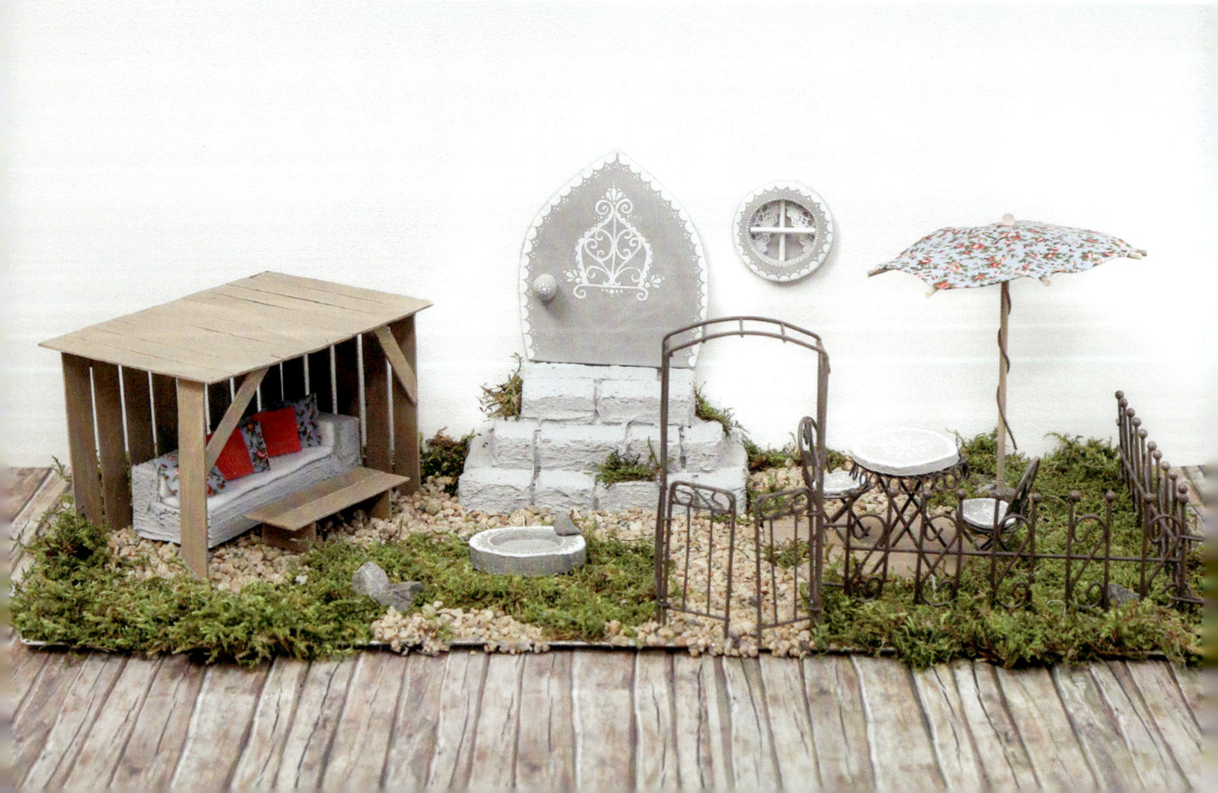

06

RUMPELS Betontüre

Hier wohnt Wichtel Rumpel mit seiner Wichteldame. Sie sind schon etwas älter und lieben es, Geschichten für Kinder zu schreiben und in ihrem romantischen Garten zu sitzen.

Wenn ihr Glück habt, liegt auch einmal eine der Geschichten vor dem Tor.

DU BRAUCHST

FÜR DIE TÜRE

- Basismaterial *(siehe Seite 6)*
- Handschuhe, Mundschutz, Schutzbrille
- Knetbeton
- Keksausstecher
- Feines Schmirgelpapier
- Weiße Acryl- oder Dispersionsfarbe
- Einen feinen Pinsel

FÜR DAS ZUBEHÖR

- Styropor, Moos und Ziersplitt
- Beton-Effektpaste oder Strukturpaste
- Streichholzschachteln
- Filz, Stoffreste und Watte
- Bastelhölzer
- Braune Acrylfarbe
- Holzspieße
- Karton

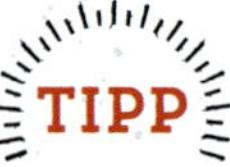

TIPP

Bevor du mit deiner Beton-Wichteltür beginnst, lies dir zunächst die Hinweise zum Arbeiten mit Beton auf Seite 7 durch.

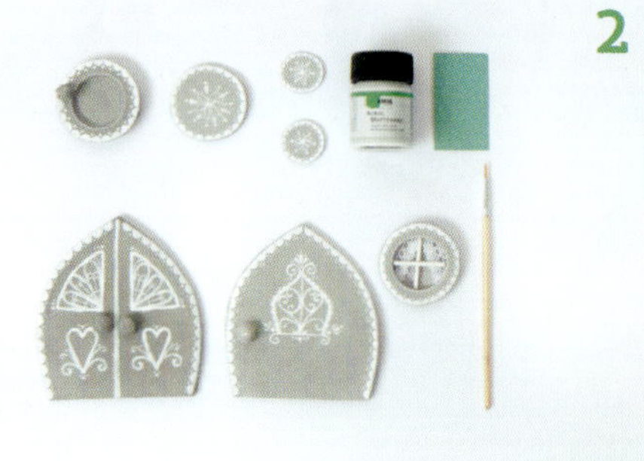

2

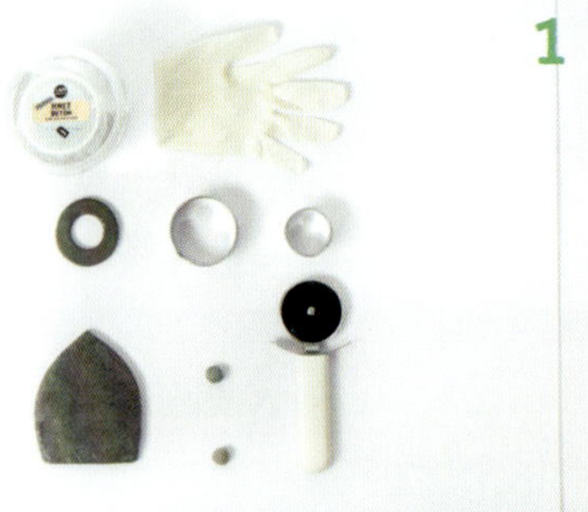

1

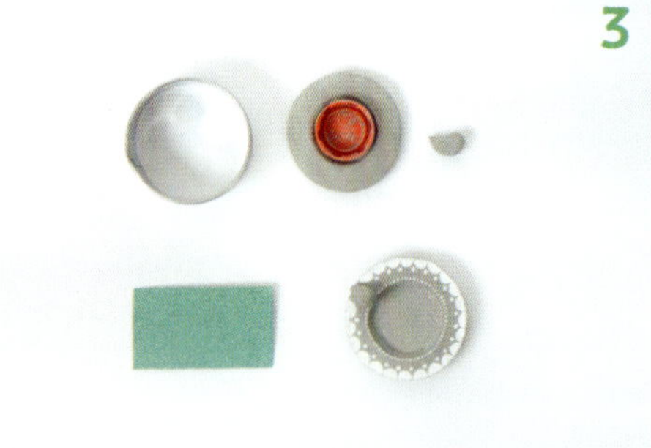

3

1 Zeichne die Türform auf ein Stück Papier und schneide sie aus. Dies ist nun die Schablone. Den Knetbeton anrühren und mindestens 0,5 cm dick ausrollen, damit er später nicht bricht. Lege deine Schablone auf den ausgerollten Beton. Die Tür lässt sich gut mit einem Pizzaroller zuschneiden. Für die Fenster entweder eine Schablone erstellen, mit einem Plastikbecher ausstechen oder Keksausstecher verwenden. Beschwere die Türe mit einem Gegenstand. Ohne Gewicht könnte sie sich beim Trocknen verbiegen. Die Sitzflächen für die Stühle, die Tischplatte und die Vogelschale werden ebenfalls aus Knetbeton geformt. Die kleinen Möbel findest du bei den Mini-Gardening-Artikeln.

2 Bevor du die Teile bemalst, die Kanten mit feinem Schleifpapier säubern. Wird die Tür draußen angebracht, solltest du Außen-Dispersionsfarbe statt Acrylfarbe verwenden.

3 Das Vogelbecken wird ebenfalls aus Knetbeton geformt. Keksausstecher eignen sich prima. Die Vertiefung mit einem kleineren Gegenstand eindrücken. Sobald der Knetbeton getrocknet ist und mit Schmirgelpapier gesäubert wurde, kannst du mit dem Bemalen anfangen.

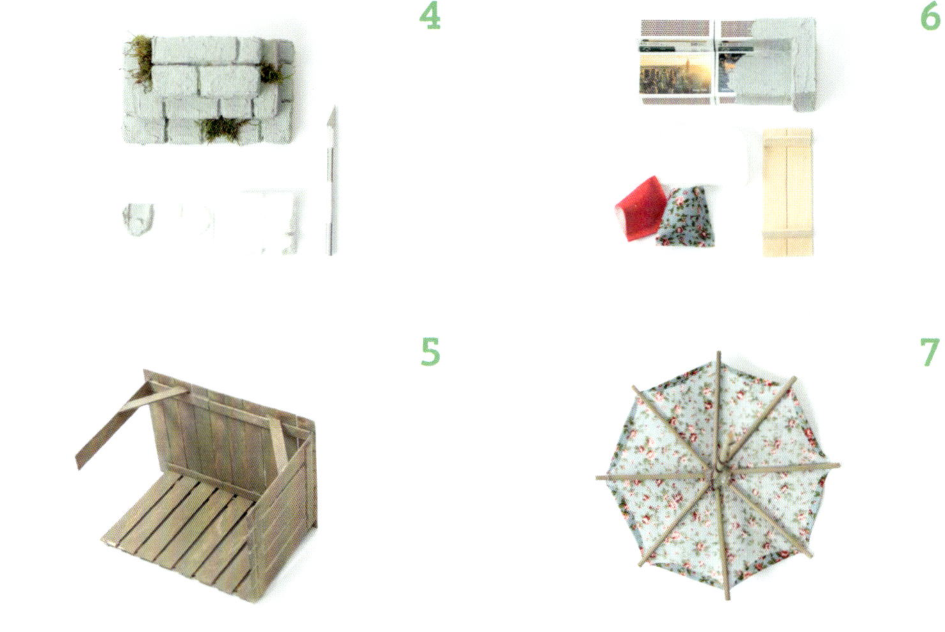

4 Die Basis der Treppe ist Styropor. Die Steinoptik mit einem Küchenmesser oder Cutter einschneiden. Am Schluss mit Betonpaste oder mit grau eingefärbter Strukturpaste bestreichen.

5 Die Gartenlaube nun aus Bastelhölzern mit Heißkleber zusammenbauen und danach in der gewünschten Farbe bemalen.

6 Die Lounge wird aus Streichholzschachteln gebaut. Du kannst sie mit Betonpaste oder Strukturpaste veredeln oder mit Acrylfarbe bestreichen. Bei letzterer Variante empfiehlt sich eine weiße Grundierung. Die Sitz- und Rückenpolster werden aus Filz zugeschnitten. Für die Kissen Stoff- oder Filzreste verwenden, die dann mit Heißkleber zusammengeklebt und mit wenig Watte gefüllt werden.

7 Für den Sonnenschirm die Holzspieße vor der Verarbeitung bemalen. Schneide 8 Stücke à 8 cm und ein langes Stück à 15 cm zu. Zudem brauchst du einen Stoffkreis mit einem Durchmesser von 15 cm. Jetzt klebst du die 8 Holzspieße auf den Stoffkreis, lässt jedoch in der Mitte etwas Platz für die Schirmstange frei, welche du dort festklebst. Damit der Schirm nicht zusammenklappt, am oberen Teil um den Mittelstamm genügend Heißkleber geben.

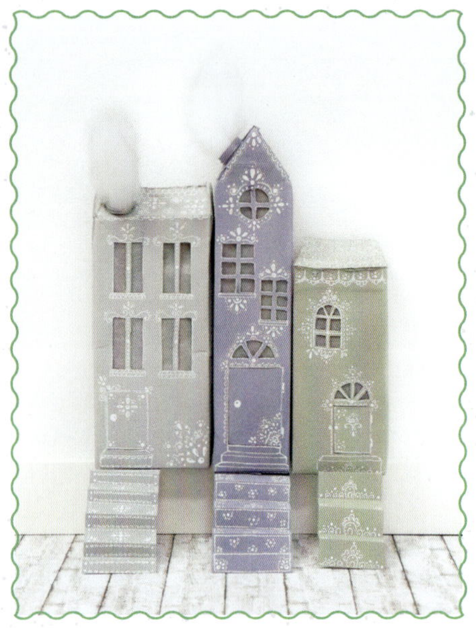

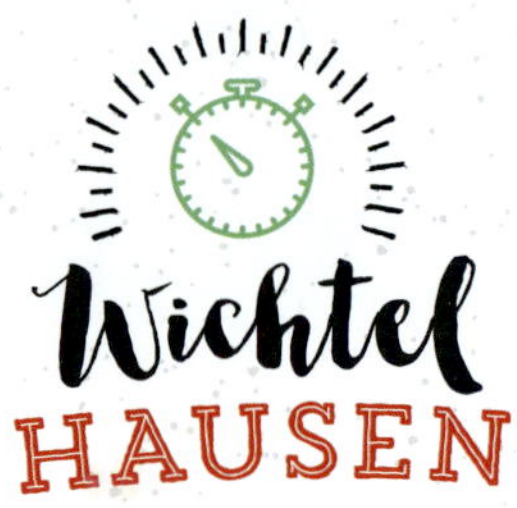

Wichtel HAUSEN

- Basismaterial *(siehe Seite 6)*
- Leere Tetra-Pak-Packungen
- Watte
- Papier für die Treppe
- LED-Lichterkette
- Drachenpapier
- Weißer Gelstift
- Acrylspray

SO GEHT'S

1 Zuerst die Türe, die Fenster und die Öffnung auf der Rückseite ausschneiden. Für das Hausdach die Ecken lösen, hochklappen und den Rest wegschneiden.

2 Die Treppe aus Papier falten.

3 Die Tetra-Pak-Wichtelhäuser und Papiertreppen mit Acrylspray einfärben.

4 Die Fenster mit Drachenpapier hinterkleben und die Lichterkette von der Rückseite in die Packung stecken.

5 Alle Häuser mit dem Gelstift bemalen.

6 Zum Schluss die Watte in den Kamin stecken, die Treppen festkleben und die Häuser an der Wand befestigen.

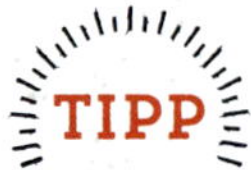

TIPP

Verwende unbedingt eine Lichterkette mit LED-Lämpchen, da diese nicht heiß werden. Trotzdem nie ohne Aufsicht brennen lassen!

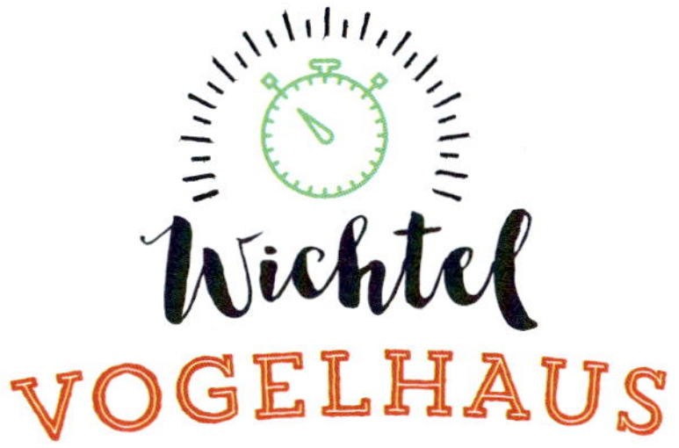

Wichtel VOGELHAUS

- ○ Basismaterial *(siehe Seite 6)*
- ○ Karton
- ○ Geschenkpapier
- ○ Moosgummi
- ○ Grünes Seidenpapier
- ○ Masking Tape

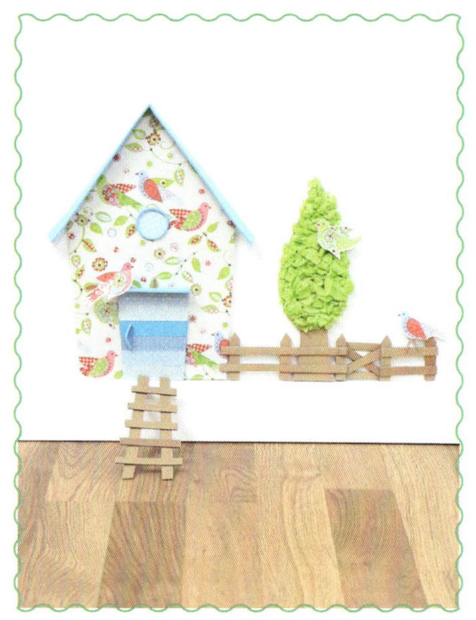

SO GEHT'S

1 Zeichne die Umrisse des Häuschens auf ein Stück Karton, schneide das Haus aus und beklebe es mit Geschenkpapier.

2 Die Türe, den Baum, den Gartenzaun sowie die Stücke für die Leiter ebenfalls aus Karton zuschneiden. Falls du kein Moosgummi zu Hause hast, schneide für das Dach auch noch zwei Stücke aus Karton zu.

3 Die Tür mit Masking Tape oder Geschenkpapier bekleben und auf dem Hausteil fixieren. Das kleine Vordach kannst du aus Papier, Moosgummi oder Karton zuschneiden und über der Tür fixieren.

4 Die Baumkrone besteht aus zusammengeknülltem Krepp- oder Seidenpapier. Eine Serviette würde auch funktionieren.

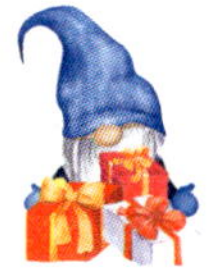

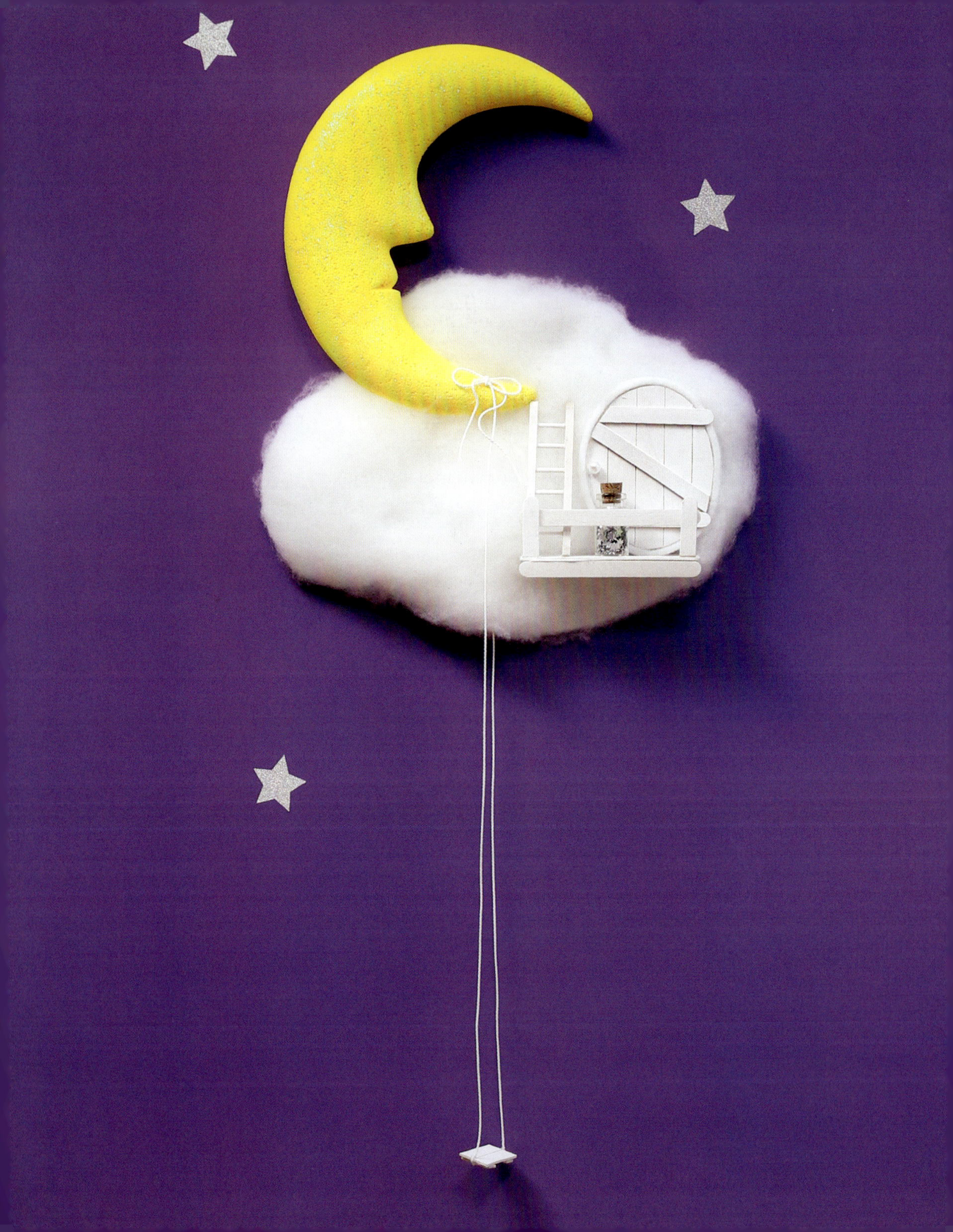

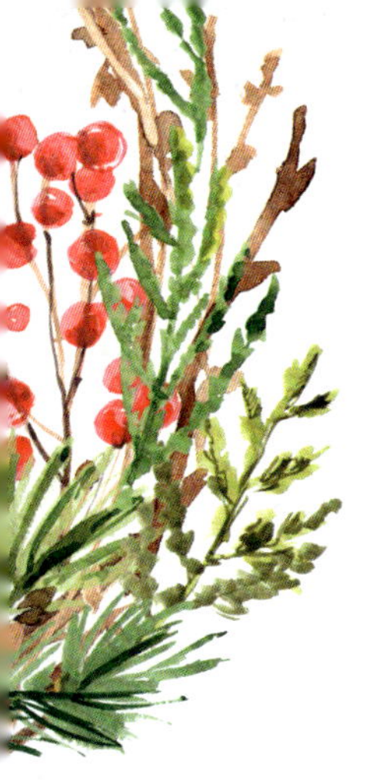

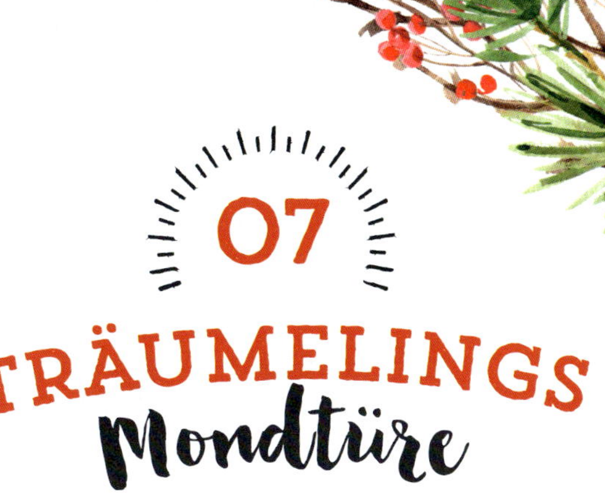

07

TRÄUMELINGS Mondtüre

Der kleine Mondwichtel Träumeling steigt in der Nacht ganz leise mit seiner magischen Schaukel ins Kinderzimmer herab und sorgt für wunderschöne Träume. Wenn ihr Glück habt, findet ihr am Morgen kleine Traumsterne auf dem Boden.

DU BRAUCHST

- Basismaterial *(siehe Seite 6)*
- Styropor-Mond oder gelber Fotokarton
- Acrylfarbe oder Chalk-Spray in Gelb und Weiß
- Glitter in Gelb
- Karton DIN A3
- Füllwatte
- 2 Stück Textilfilz in Weiß
- 6 breite und 15 schmale Bastelhölzer
- 1 Perle
- Weiße Kordel
- Fläschchen mit Glitzersternen
- Glitterpapier und Stanzer

1

Rückseite

Den Mond kannst du auch aus Karton zuschneiden und mit gelbem Zeichenpapier bekleben oder gelben Fotokarton verwenden. Dieser ist dicker und stabiler als Zeichenpapier.

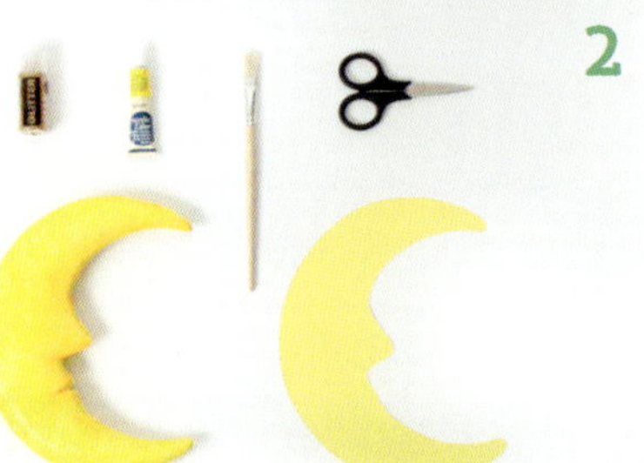
2

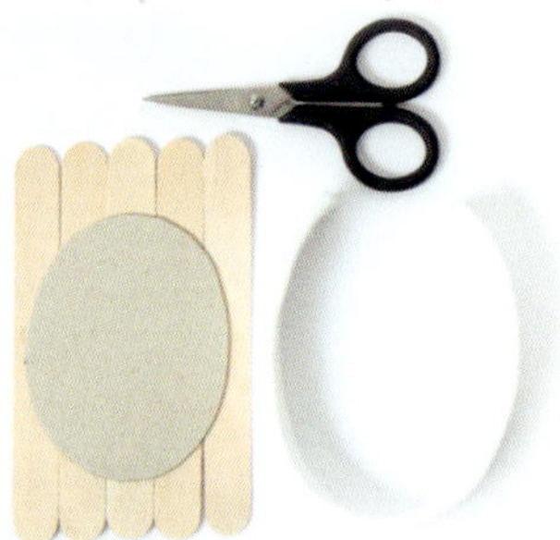
3

1 Zeichne dir eine Wolke auf ein Stück Karton. Damit das Größenverhältnis der Wolke zum Mond stimmt, lege den Styropormond vor dem Zuschneiden auf die gezeichnete Wolke. Schneide dann deine Wolke aus und beklebe sie mit dem weißen Filz. So hält die Füllwatte besser und der Karton schimmert nicht durch. Die Füllwatte nun über die Wolke spannen und nur an wenigen Punkten fixieren. Die Watte auf der Rückseite an den Rändern festkleben, damit sich auf der Vorderseite eine Wolkenform ergibt.

2 Den Styropormond gelb bemalen und Glitter darüberstreuen, solange die Farbe noch nicht getrocknet ist. Danach den Mond auf der Wolke festkleben. Vorsicht mit Heißkleber, nicht sofort den Styropormond darauflegen, sonst schmilzt das Material.

3 Schneide aus Karton eine ovale Türform aus. Beklebe diesen Türkarton mit breiten Bastelhölzern und schneide die Hölzer bis auf die Kartonform zurück. Wenn du mit der Bastelschere Mühe hast, kannst du auch eine Gartenschere verwenden. Nun für den Türrahmen einen ca. 2 cm breiten Textilfilzstreifen zuschneiden. Textilfilz ist dicker als

4

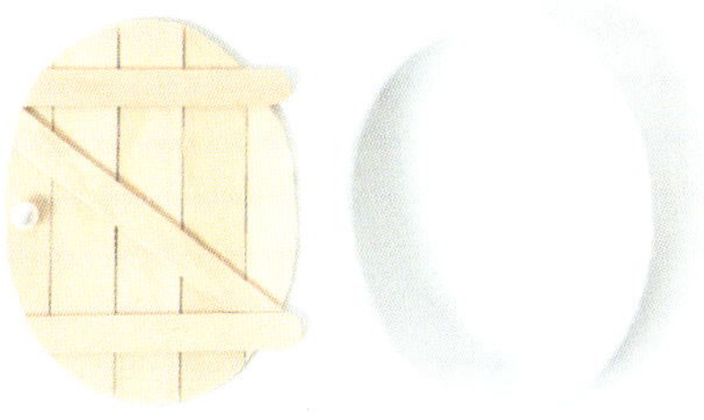

6

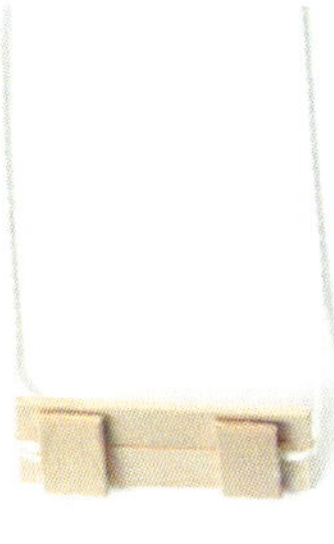

5

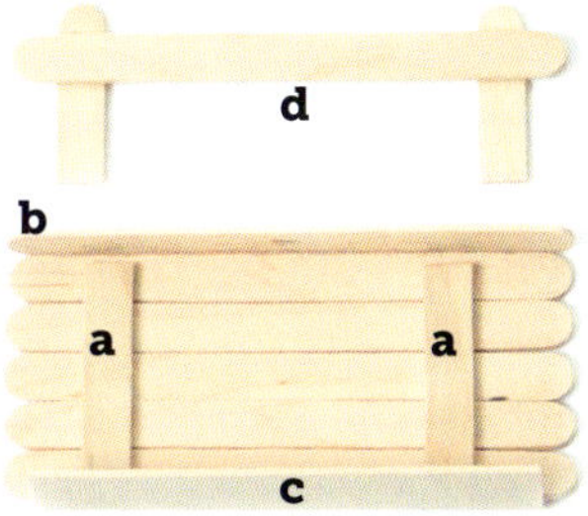

d

b

a a

c

normaler Bastelfilz. Als Alternative zum Filz kannst du auch einen Streifen dickes Papier verwenden.

4 Drehe die Türe jetzt um und beklebe sie mit den Querverstrebungen wie ein verkehrtes „Z". Auf der rechten Türseite die horizontalen Hölzer etwas überstehen lassen. Dies wirkt optisch wie Türscharniere. Die Perle für den Türknopf nicht vergessen und alles in Weiß bemalen. Den Filztürrahmen zusammenkleben. Achte darauf, dass die Türe exakt in den Türrahmen passt und fixiere sie mit Heißkleber. Jetzt wird nur noch der Filzrahmen mit der Türe auf die Wolke geklebt.

5 Fünf schmale Bastelhölzer für den Balkonboden auf der Rückseite mit zwei Querhölzern **(a)** fixieren. Ein dünnes Bastelholz vorne **(b)** und ein breites Bastelholz für den besseren Halt **(c)** hinten an der Balkonplattform befestigen. Zwei Bastelhölzer für das Geländer **(d)** zusammenkleben. Alle Teile in Weiß bemalen und an der Wolke festkleben.

6 Die magische Mondschaukel besteht ebenfalls aus Bastelhölzern. Für den Sternenhimmel Sterne aus silbernem Glitzerpapier zuschneiden. Du kannst aber auch Leuchtsterne kaufen und an die Wand kleben.

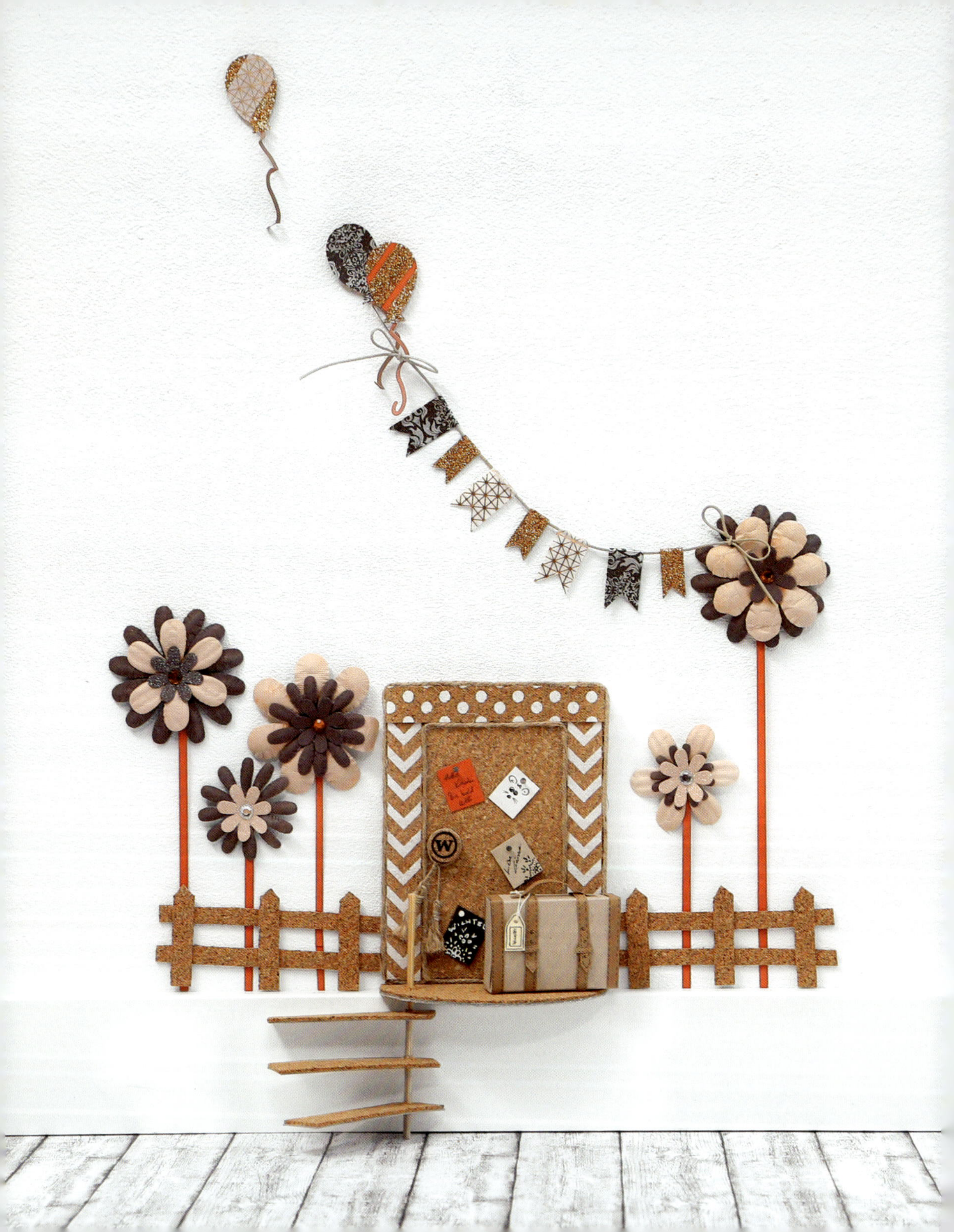
W

08

KNORKIS Korktüre

Wichtel Knorki verreist gerne und freut sich bei seiner Rückkehr über die vielen kleinen Zettel an seiner Haustüre. Als Dank bringt er ab und zu eine Karte aus den Ferien mit und legt sie auf das Kopfkissen seiner kleinen Zimmergenossen.

DU BRAUCHST

- Basismaterial *(siehe Seite 6)*
- Karton ca. 0,5 cm dick
- Bastelkork selbstklebend
- Kork-Masking Tape
- Korksticker oder Perle
- Schnur für Türrahmen, Türquaste und Wimpelkette
- Papier für Notizzettel, Blumenstiele und Koffer
- Filzstift in Schwarz
- Mini-Nägel oder Stecknadeln
- Dünner Karton als Stufenstütze
- Ahle oder Stricknadel
- Holzspießchen
- Leere Streichholzschachtel
- Stanzer in Ballon-Form
- Masking Tape
- Vorlagen (QR-Code im Inhaltsverzeichnis)
- Doppelseitig klebende Schaumstoff-Pads

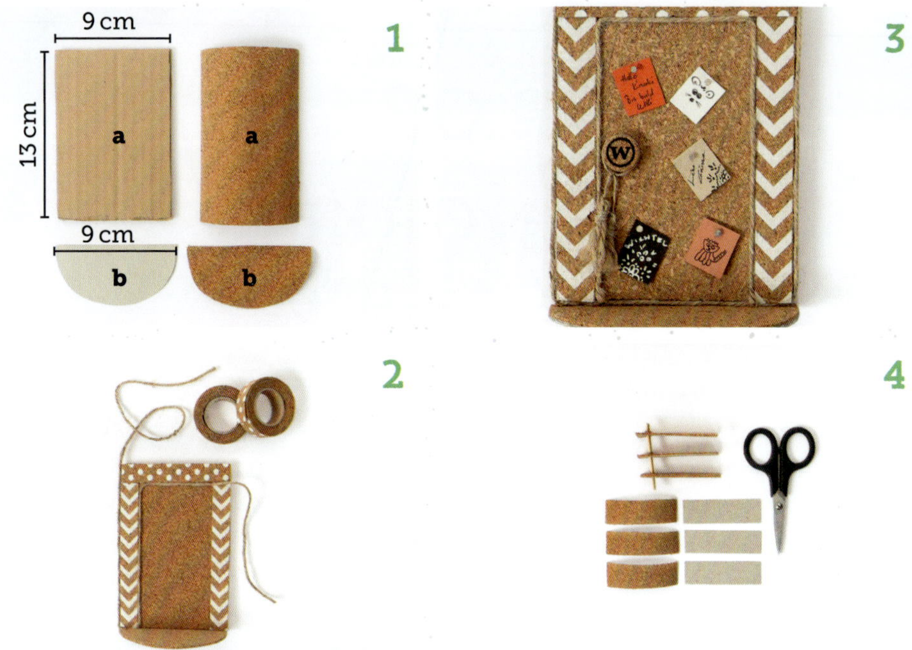

1 Kartonstück **(a)** und selbstklebenden Kork für die Tür auf 9 x 13 cm zuschneiden. Karton mit dem Kork bekleben. Den Türvorplatz **(b)** ebenfalls aus Karton und selbstklebendem Kork zuschneiden und die Oberseite abrunden (Breite 9 cm).

2 Die Tür und den Vorplatz mit Heißkleber miteinander verkleben. Einen Türrahmen aus gestreiftem und gepunktetem Masking Tape in Korkoptik aufkleben. Damit du die Seiten schön verschließen kannst, halbiere einen Streifen Masking Tape und klebe ihn als Abschluss rund um die Tür. Die Kanten mit einer Schnur verzieren.

3 Als Türgriff Korkkreise übereinanderkleben oder eine Perle verwenden und mit zwei Quasten verzieren. Die kleinen Notizzettel mit Mini-Nägeln als Pins befestigen. Du kannst aber auch Stecknadeln kürzen und diese als Pin verwenden. Vorsicht: Kleinteile können verschluckt werden.

4 Für die Treppe drei Trittstücke aus Karton und drei Trittstücke aus Kork in der Größe 2 x 7 cm zuschneiden. Klebe nun die Trittstücke aus Kork auf die Kartonstücke. Mit einer Schere oder Ahle ein Loch in die Stufen bohren und einen Holzspieß durchstecken. Schon ist das Geländer fertig.

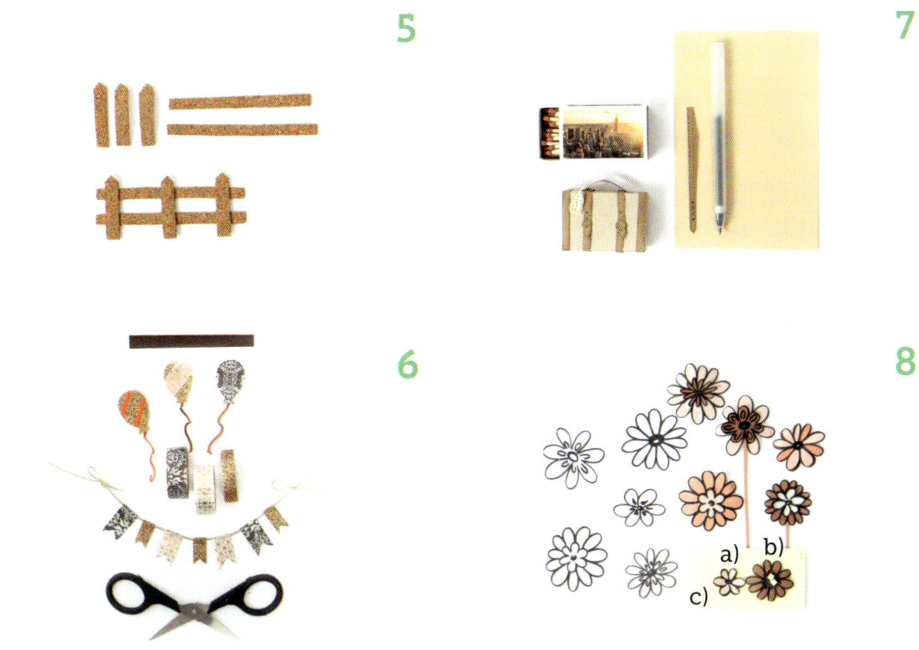

5 Den Zaun aus selbstklebendem Kork zuschneiden. So kann er direkt an der Wand befestigt werden.

6 Die Wimpelkette wird aus Masking Tape angefertigt. Ein Stück Tape um die Schnur legen, zusammenkleben und zum Dreieck schneiden. Für die Ballons einen Stanzer verwenden oder aus Papier zuschneiden. Verziere diese dann ebenfalls mit Masking Tape.

7 Verwende für den Koffer eine leere Streichholzschachtel, die du mit hellbraunem Papier einpackst. Die Kofferriemen aus braunen Papierstreifen zuschneiden. Die Nähte auf den Riemen mit einem Filzstift aufzeichnen.

8 Anstelle von fertigen Papierblumen kannst du diese auch wunderbar selber basteln. Kopiere die Blumenvorlage (www.emf-verlag.de/produkt/maerchenhafte-wichteltueren/) 2 x und male sie aus. Schneide 1 x die ganze Blume und 1 x nur den inneren Teil der Blume aus. Fixiere mit doppelseitig klebenden Schaumstoff-Pads **(c)** das innere Blumenteil **(a)** auf der größeren Blume **(b)**. So erhält die Blume einen 3D-Effekt. Zum Schluss die Blütenblätter mit dem Finger noch etwas in Form streichen.

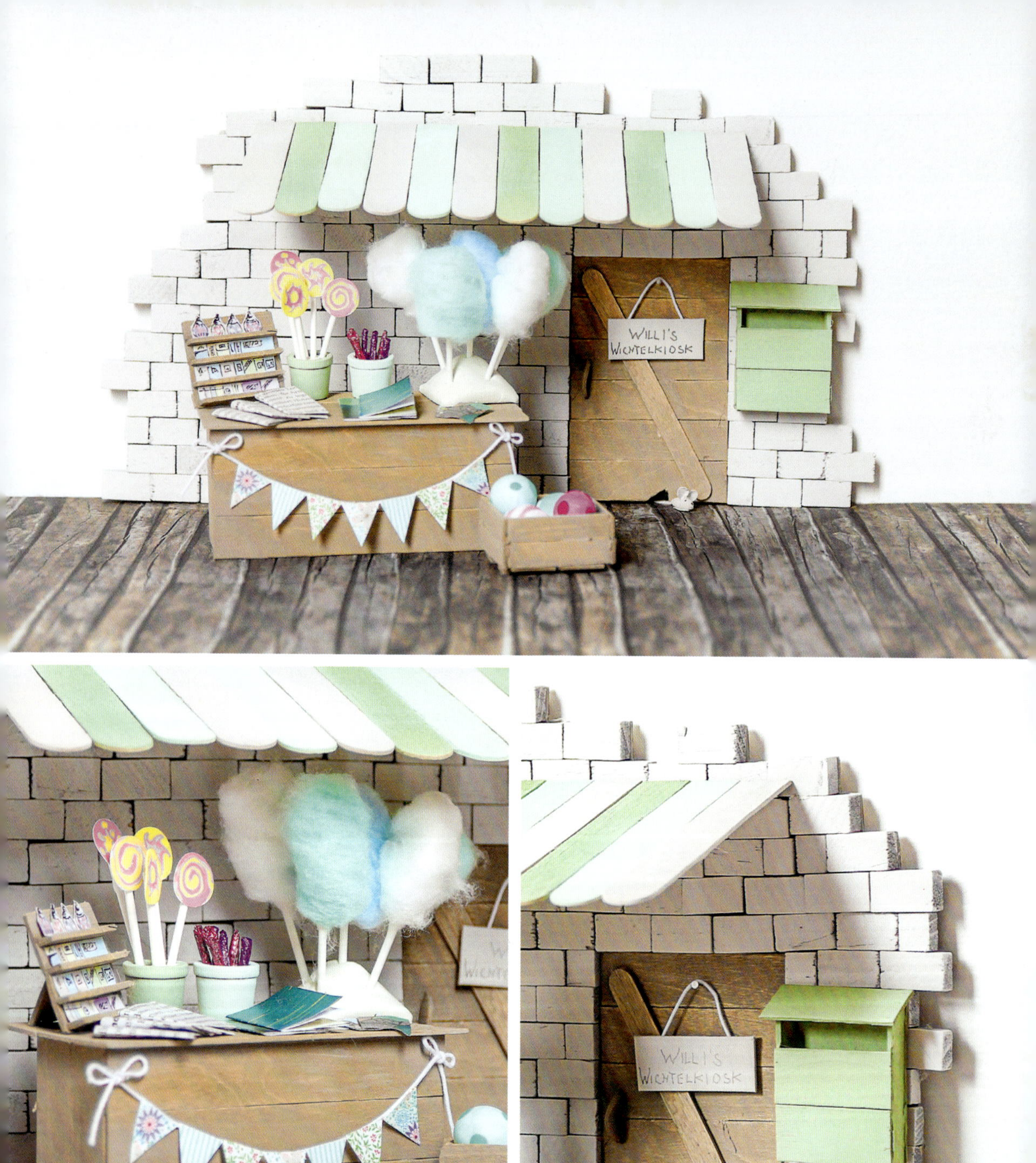
WILLI'S
WICHTELKIOSK

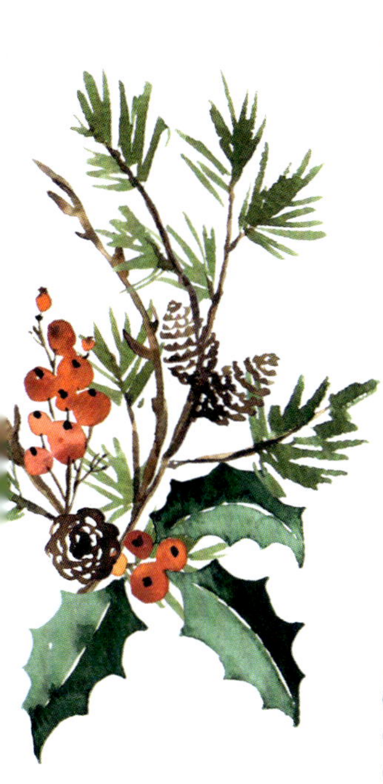

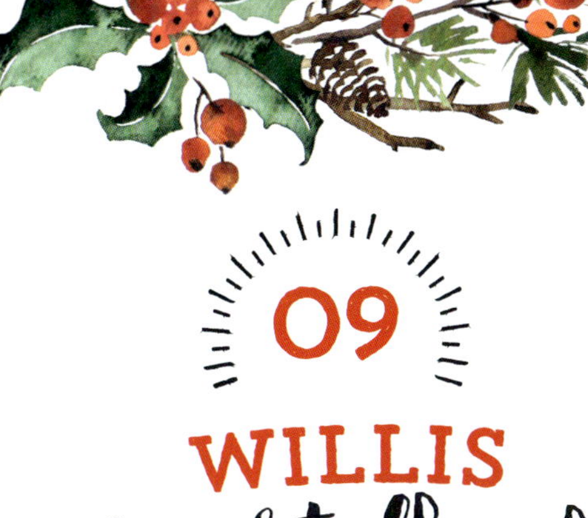

09

WILLIS Wichtelkiosk

Alle Wichtel lieben Willis Wichtelkiosk mit seinen leckeren Zuckerwatten, Zeitschriften und anderen tollen Sachen. In seinen kleinen Kummerbriefkasten können die Kinder ihre Sorgen stecken. Er löst den Kummer auf und legt dafür eine liebe Botschaft vor die Türe seines Kiosks.

DU BRAUCHST

- Basismaterial *(siehe Seite 6)*
- Karton für die Wand und die Türe
- Acryl- oder Chalk-Spray (diverse Farben)
- Bastelhölzer breit und schmal
- Wattestäbchen
- Wattebäuschchen
- Zahnstocher
- Knetmasse
- Masking Tape für Wimpel
- Zeitschrift
- Bunte Alu-Papierchen
- Diverse Filzstifte
- Schnur
- Mini-Gardening-Bausteine

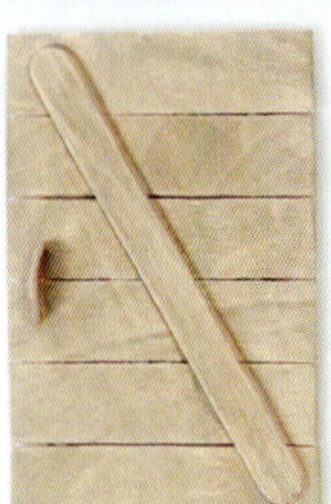

1

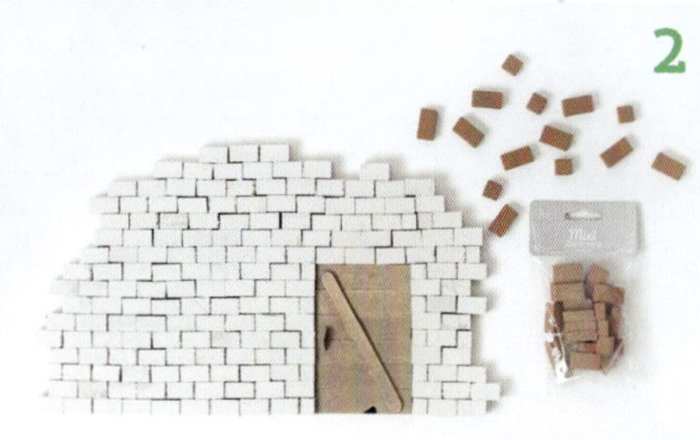

2

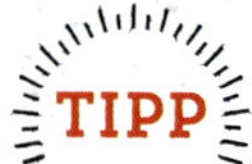

Für den Vintage-Look der Türe diese zunächst braun ansprühen. Dann die Farbe, noch bevor sie getrocknet ist, mit einem Lappen leicht verwischen.

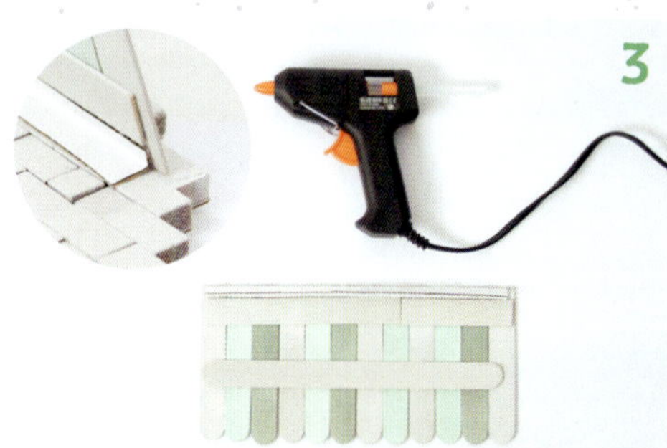

3

1 Für die Tür benötigst du 6 breite und 1 schmales Bastelholz. Schneide zuerst ein Stück Karton in der Größe von 7 x 11 cm zu. Darauf kannst du nun die Hölzer kleben. Für das Mauseloch unten an der Tür ein Stück Holz abzwicken. Bemale den Karton darunter in Schwarz, damit es wie ein Loch wirkt.

2 Besprühe die Mini-Bausteine zuerst in der gewünschten Farbe. Während sie trocknen, ein Kartonstück in der Größe der Mauer zuschneiden. Platziere die Tür auf dem Karton und klebe sie fest. Jetzt kann die Mauer mit den Mini-Backsteinen beklebt werden. Alternativ können auch Spielzeug-Bausteine verwendet werden.

3 Bevor das Dach zusammengebaut wird, werden die Bastelhölzer eingefärbt. Die Dachhölzer mit Querhölzern zusammenhalten. Damit das Vordach an der Mauer befestigt werden kann, musst du aus einem Karton einen Winkel zuschneiden und am Vordach festkleben. Siehe dazu das Bild in der Lupe (Bild 3).

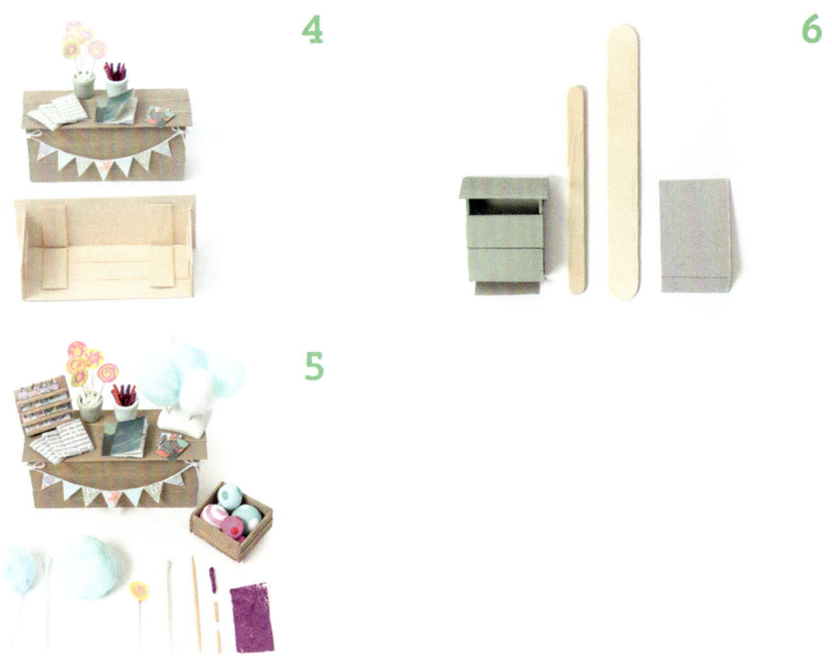

4 Wie die Ladentheke zusammengebaut wird, siehst du auf dem Schrittfoto. Die Theke zum Schluß bemalen oder besprühen und schon kann sie befüllt werden.

5 Für die Zuckerwatte klebst du einen Wattebausch an ein Wattestäbchen und steckst die einzelnen Zuckerwatten in ein Stück Knetmasse. Die Lollis auf ein Papier zeichnen, ausschneiden und an einen Zahnstocher kleben. Die Schokoriegel sind mit bunten Alupapieren umwickelte und gekürzte Zahnstocher. Für die Zeitschriften schneidest du einfach kleine Zeitschriftenseiten zurecht. Das Regal mit den Süßigkeiten aus einem Bastelholz zusammensetzen und dann die Süßigkeiten auf ein Stück Papier zeichnen, ausschneiden und auf das Regal kleben. Für die Wimpelkette Papierdreiecke an ein Stück Schnur kleben und an der Theke befestigen. Die Bälle werden aus FIMO© gerollt.

6 Der kleine Kummerbriefkasten lässt sich unten mit einer Klappe aus Karton öffnen, damit die Kinder ihre Post auch richtig einstecken können.

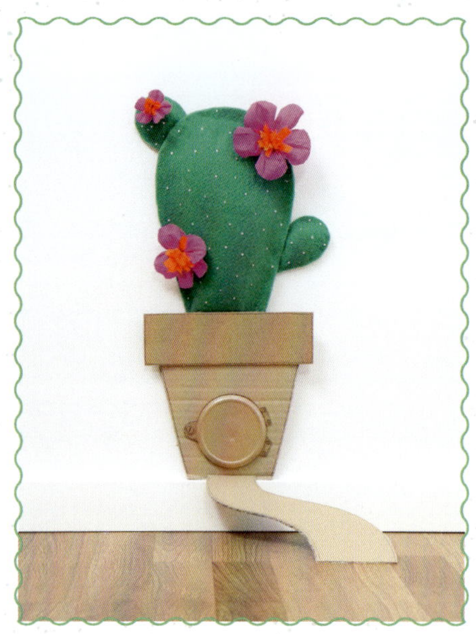

Kaktus WICHTELHAUS

- Basismaterial *(siehe Seite 6)*
- Filz in Grün
- Füllwatte
- Karton
- Marmeladenglas-Deckel
- Schwarzer Stift
- Weiße Farbe
- Seiden- oder Krepp-Papier

SO GEHT'S

1 Kakteenform, Pflanzentopf, Topfrand und Wichtelweg auf einen Karton zeichnen und ausschneiden.

2 Ein Loch in der Größe des Marmeladenglas-Deckels ausschneiden und den Deckel als Tür in die Öffnung setzen. Mit schwarzem Filzstift Scharniere und Türknopf einzeichnen. Topfrand aufkleben.

3 Lege den Filz auf den Kartonkaktus und klebe ihn an den Rändern entlang fest. Unten eine Öffnung lassen, damit du die Füllwatte einfüllen kannst. Alle Kakteenteile zusammenkleben, die Pflanze am Topf befestigen und mit weißer Farbe Stacheln aufmalen.

4 Für die Blumen schneidest du einen Streifen Papier zu. Für das orangefarbene Mittelstück einen Streifen in Fransen schneiden, zusammenraffen und mit Klebstreifen fixieren. Für die pinkfarbenen Blütenblätter einen Papierstreifen wie eine Ziehharmonika zusammenfalten und die Blütenblätter einschneiden. Jetzt das Mittelstück in die eine Hand nehmen und die Blumenblätter unter ständigem Drehen um das Mittelteil wickeln. Das Papier immer etwas raffen und drehen. Mit Klebstreifen die fertige Blüte fixieren und fertig ist eine wunderschöne Blume. Blütenstiel stark kürzen und mit viel Heißkleber auf dem Kaktus fixieren.

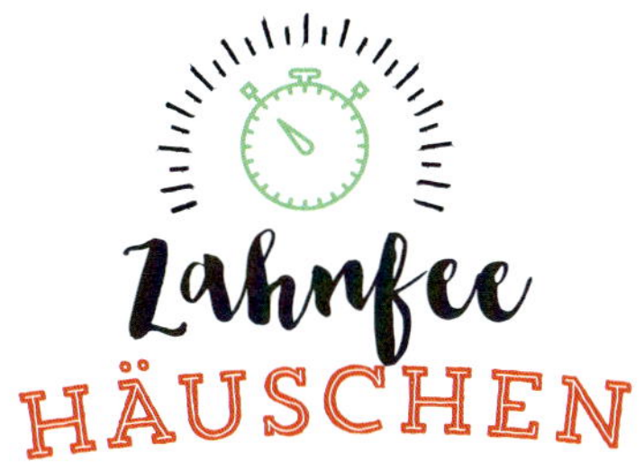

Zahnfee HÄUSCHEN

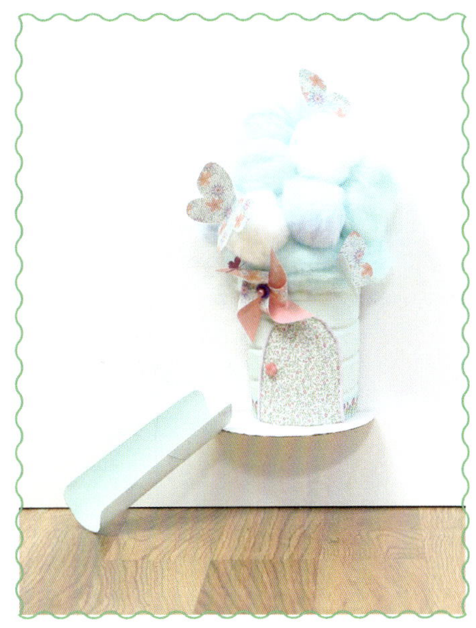

- Basismaterial *(siehe Seite 6)*
- PET-Flasche
- Acryl-Spray
- Wattebausch, Teppichklebeband
- Masking Tape oder Papier
- Kartonrolle
- Karton für den Boden und die Rückwand

SO GEHT'S

1 Die Flasche der Länge nach in zwei Teile schneiden und auf der Außenseite mit Acrylfarbe besprühen.

2 Die Tür mit Papier oder Masking Tape markieren und evtl. noch ein Bändchen oder Wollreste als Abschluss fixieren.

3 Wie man ein Windrädchen bastelt, findest du auf Seite 55. Die Vögel aus Papier ausschneiden und falten.

4 Das Hausdach, also den oberen Teil der Flasche, mit Teppichklebeband umwickeln, um dann die erste Schicht Wattebäusche festzukleben. Weitere Wattebäusche und die Sommervögel mit Heißkleber befestigen.

5 Der Boden des Häuschens wird aus Karton zugeschnitten, ebenso die kleine Rückwand, damit du das Häuschen an der Wand befestigen kannst.

6 Die Rutschbahn besteht aus einer Kartonrolle.

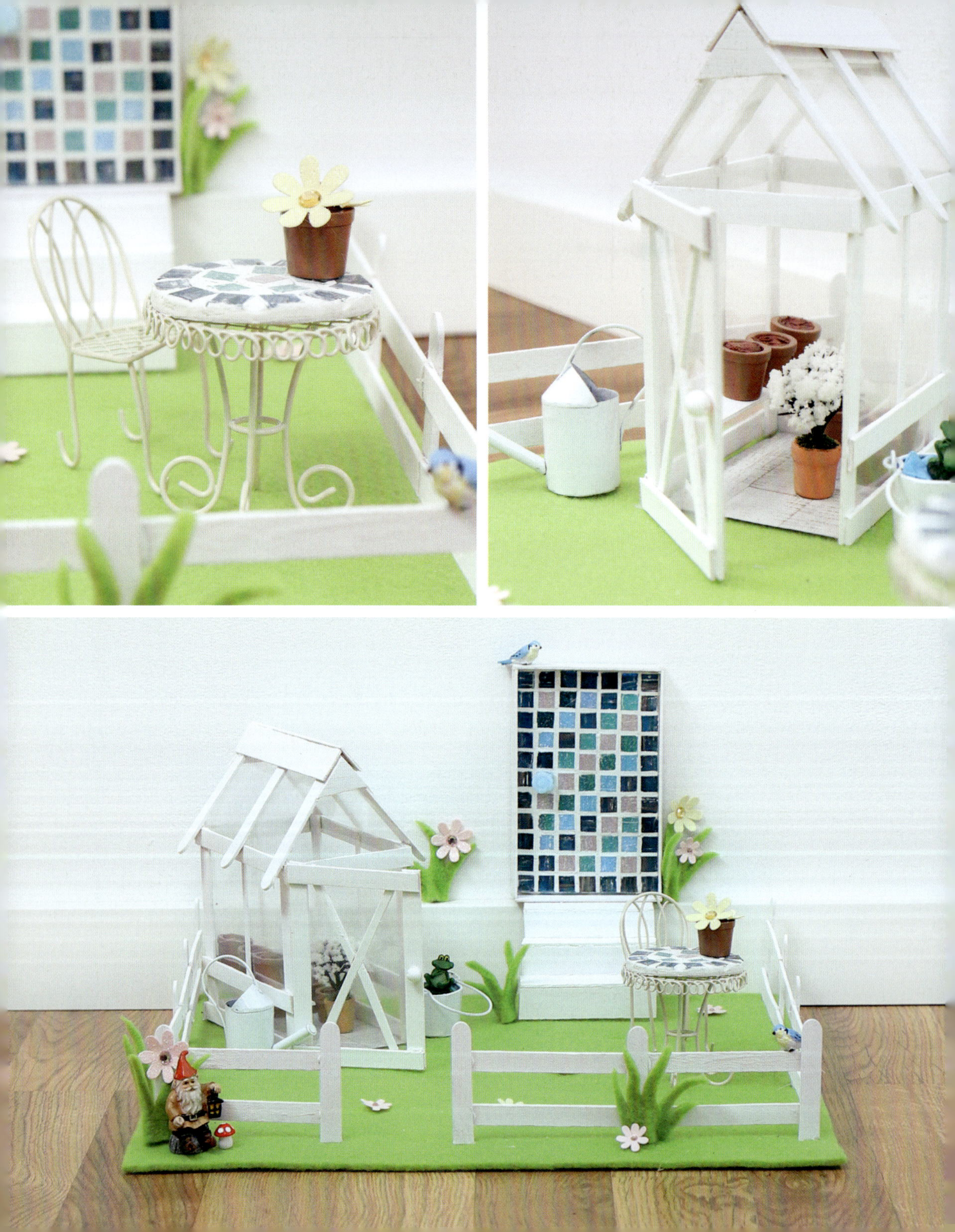

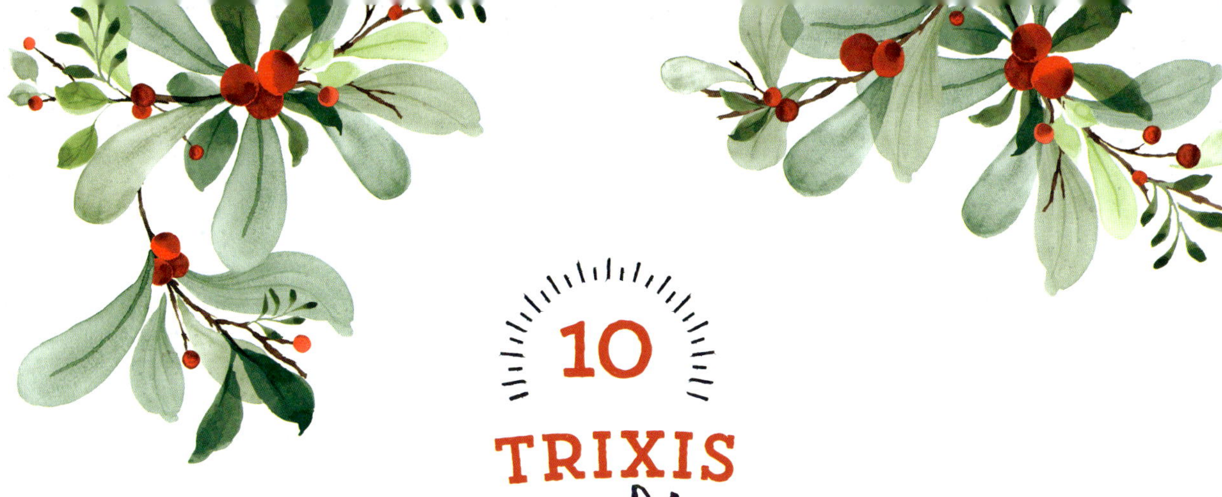

10 TRIXIS Mosaiktüre

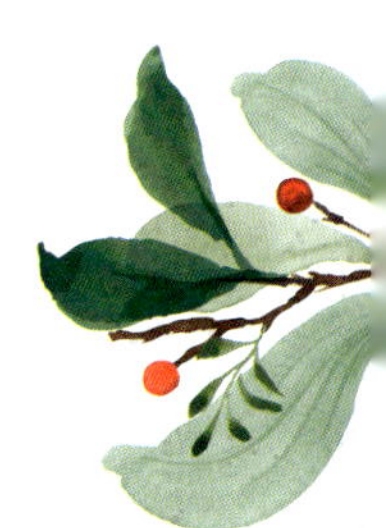

Trixi ist eine leidenschaftliche Gärtnerin und verbringt viel Zeit in ihrem kleinen Gartenhaus. Sie macht sich einen Spaß daraus, im Kinderzimmer Papierblumen zu streuen, und wenn man Glück hat, legt sie eine Spur zu einem verloren geglaubten Gegenstand.

DU BRAUCHST

- Basismaterial *(siehe Seite 6)*
- Textil- oder Bastelfilz
- Bastelhölzer breit & schmal
- Mosaiksteine
- Mosaik-Fugenmasse
- Knopf
- Weiße Acrylfarbe
- Karton
- Klarsichtmäppchen für die Scheibe
- Dekoblumen und Figuren

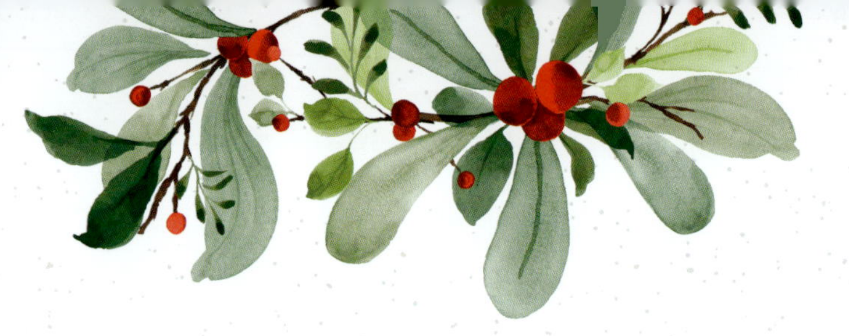

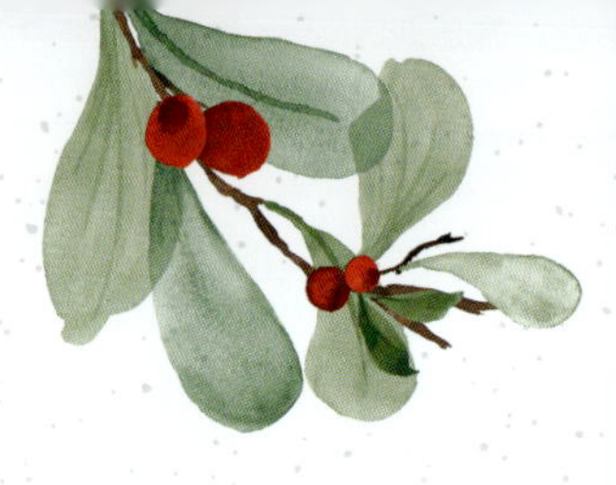

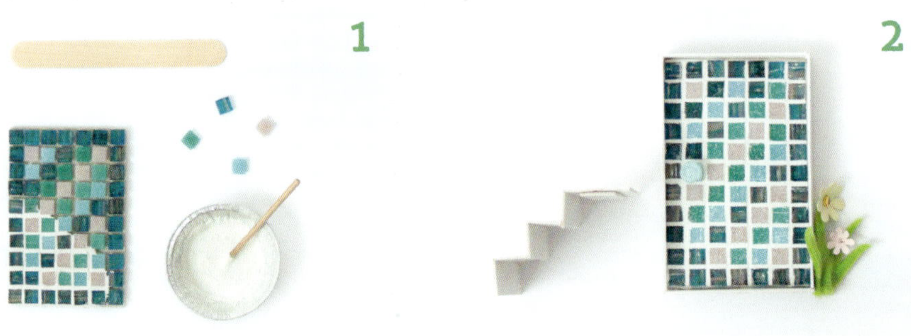

1 Du brauchst ein dünnes Stück Karton z. B. die Rückseite eines Zeichenblocks. Platziere die Mosaiksteine auf dem Karton, bis du das gewünschte Muster gefunden hast. Denke daran, ca. 2 mm Abstand zwischen den einzelnen Mosaiksteinen zu belassen, damit die Fugenmasse Platz hat. Danach kann die Tür mit Heißkleber auf dem Karton fixiert werden. Überstehende Kartonreste an den Seiten noch abschneiden. Im nächsten Schritt die Fugenmasse für die Mosaiksteine mischen und damit die Türe großzügig bestreichen. Ein Bastelholz eignet sich sehr gut als Spachtel. Zum Schluss die überschüssige Fugenmasse mit dem Bastelholz wegschaben und die Mosaiksteine mit einem Tuch polieren, bevor sie endgültig getrocknet ist.

2 Verwende für den Türrahmen Bastelhölzer. Auch für die Treppe werden Bastelhölzer zusammengeklebt. Zum Schluss alle Teile bemalen oder besprühen. Aus Filz können kleine Grasbüschel gebastelt und am Türrahmen fixiert werden.

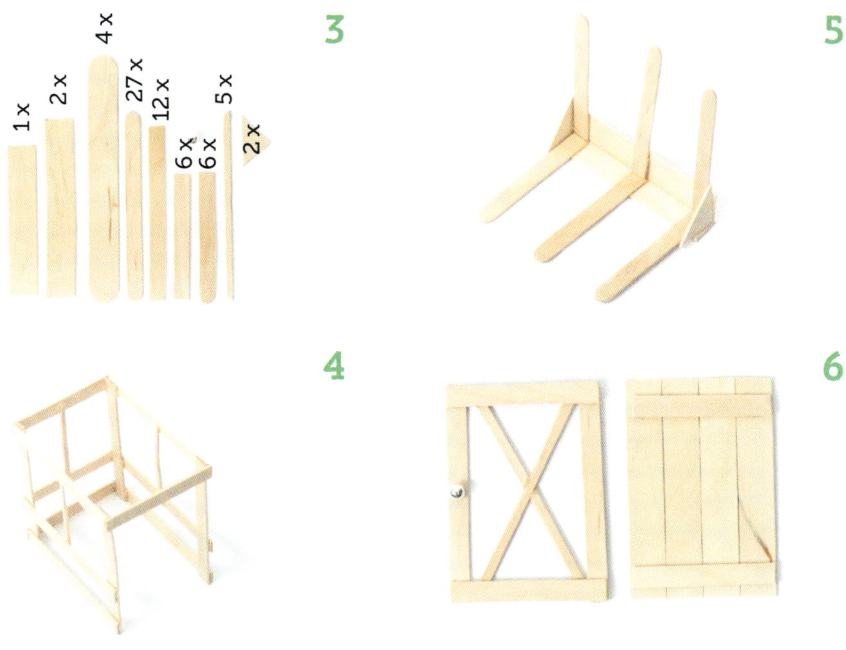

3 Für das Gartenhaus brauchst du breite und schmale Bastelhölzer sowie eine Folie als Fensterglas.

4 Wie die Teile zusammengesetzt werden, siehst du auf dem Schrittfoto. Vergiss nicht, die Teile zu bemalen und die Folie für das Fensterglas auf der Innenseite festzukleben.

5 Das Dachgerüst ebenfalls aus den vorbereiteten Holzteilen zusammenbauen. Bevor du das Dach auf das Haus setzt, das Holz bemalen und dann die Folie fixieren.

6 Auf dem Schrittfoto siehst du, wie die Türe und der Gartenhausboden zusammengesetzt werden. Teile bemalen und Folie an der Innenseite der Türe befestigen. Zum Schluss alle Teile zusammenfügen und fertig ist das kleine Gartenhaus für Trixis Garten. Die Gartengestaltung ist deiner Fantasie überlassen. Falls deine Trixi auch einen Gartenzaun bekommen soll, kannst du diesen aus Bastelhölzern ganz einfach zusammenkleben.

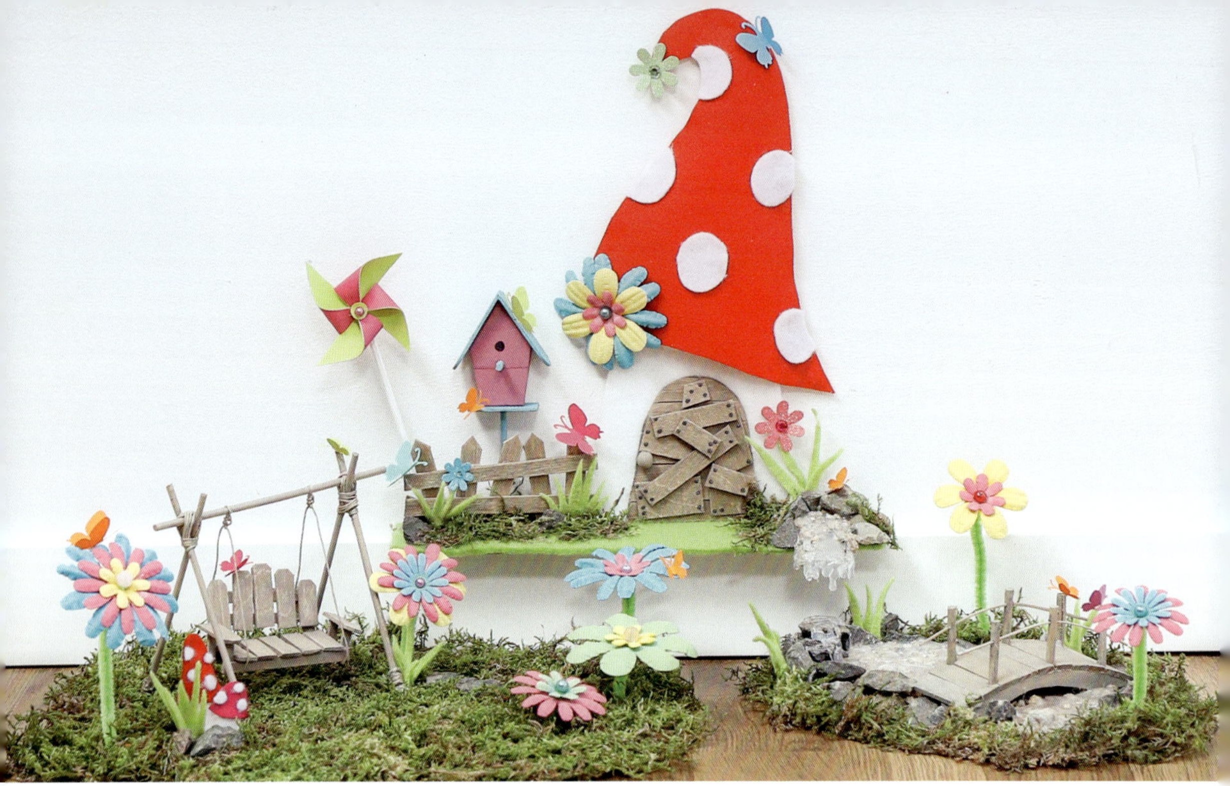

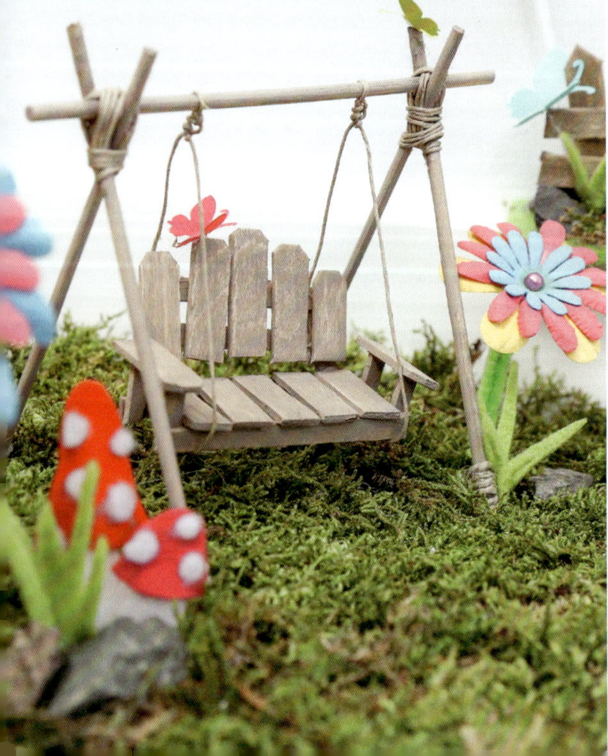
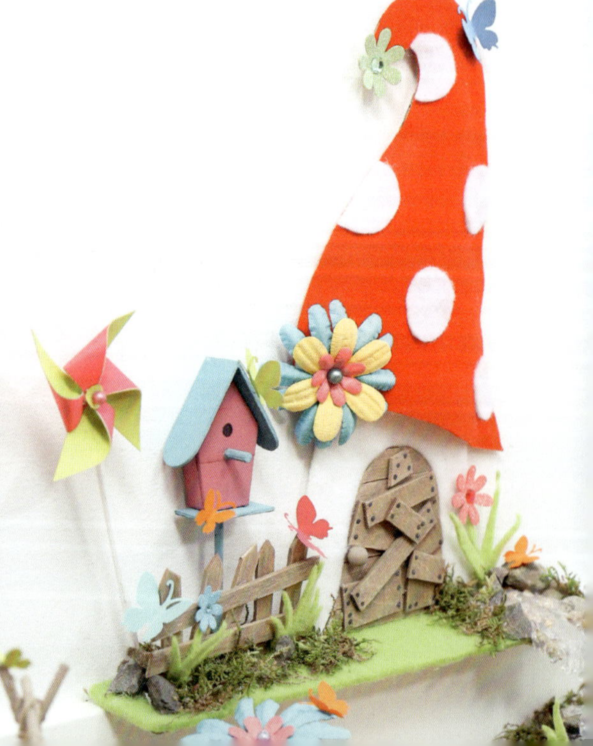

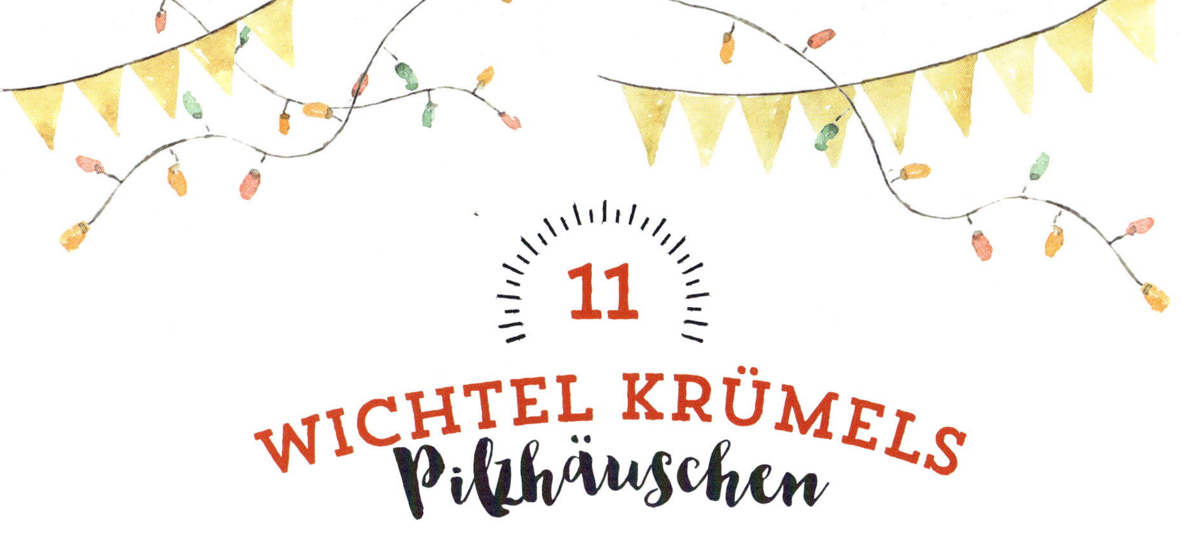

11 WICHTEL KRÜMELS Pilzhäuschen

Wichtel Krümel lebt schon seit vielen Jahren in seinem Häuschen. Da er sehr viel Zeit mit den Blumen, Schmetterlingen und Vögeln verbringt, vergisst er immer, dass er schon lange einige Sachen hätte erneuern müssen. Dafür hat sein Häuschen Charme.

DU BRAUCHST

- Basismaterial *(siehe Seite 6)*
- Bastelfilz in Rot und Weiß
- Textilfilz in Grün und Weiß
- Füllwatte
- Bastelhölzer schmal und breit
- Holzspieße
- Karton
- Buntes Papier
- Pfeifenputzer
- Perlen
- Schnur
- Moos, Steine und Ziersplitt
- Vorlagen (QR-Code im Inhaltsverzeichnis)

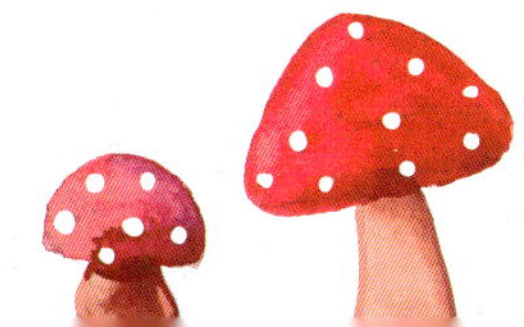

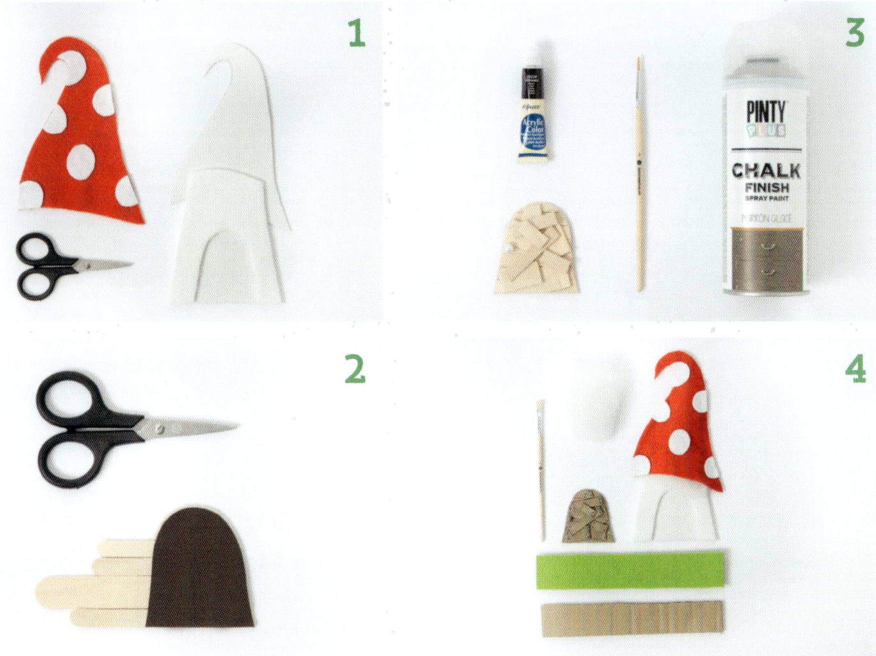

1 Mithilfe der Vorlage das Pilzhaus auf Karton zeichnen und ausschneiden. Dies ist nun die Basis. Den Pilzfuß aus weißem Textilfilz zuschneiden, die Öffnung für die Türe herausschneiden und den Pilzhut aus rotem Filz zuschneiden. Vergiss dabei die Fliegenpilz-Tupfen nicht!

2 Schneide nun die Türe aus dünnem Karton oder festem Papier aus. Die Bastelhölzer auf diese Türschablone kleben und bis auf die Türform zurückschneiden.

3 Für die geflickte Wichteltüre die Bastelhölzer in unterschiedlich lange Teile schneiden und wild durcheinander auf der Türe anbringen. Du kannst sie nun mit Farbe besprühen und zum Schluss kleine Nägel mit schwarzer Farbe vorsichtig auftupfen.

4 Das Pilzdach auf den Karton kleben. Den Klebstoff nur an den Rändern entlang auftragen und unten eine Öffnung stehen lassen. Durch diese schiebst du etwas Füllwatte. Diese mit einem Pinsel nach oben schieben. Das Pilzdach wirkt jetzt dreidimensional. Die Türe in die vorbereitete Öffnung kleben. Für den Boden einen grünen Filzstreifen auf einem Kartonstreifen fixieren und am Pilzhaus befestigen.

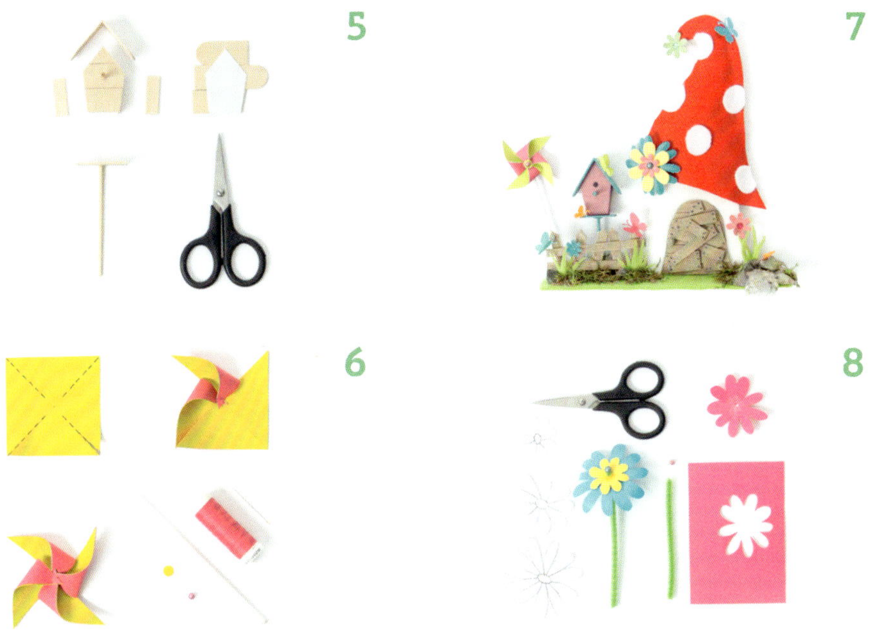

5 Das Vogelhäuschen besteht aus Bastelhölzern. Du kannst aber auch festeres Papier verwenden. Auf dem Schrittfoto siehst du, wie das Vogelhaus zusammengesetzt wird.

6 Windrädchen kannst du ganz einfach selber basteln. Einfach ein Quadrat ausschneiden und die Mitte markieren. Von den Ecken bis kurz vor der Mitte einschneiden. Die Flügel zur Mitte einschlagen und mit Klebstoff fixieren oder mit Nadel und Faden befestigen.

7 Sind alle Teile fertig, kannst du sie mit Heißkleber am Haus fixieren. Den Zaun baust du aus Bastelhölzern, fixierst ihn und dekorierst danach alles mit Moos, Blumen und Schmetterlingen. Für die Quelle auf der rechten Seite des Häuschens transparenten Heißkleber verwenden.

8 Wichtel Krümel kann natürlich nicht fliegen, deshalb braucht er eine Blumentreppe zu seinem Häuschen. Du kannst Bastelblumen verwenden oder ganz einfach selbst welche basteln. Die drei Blütenvorlagen ausschneiden, auf farbiges Papier legen und zuschneiden. In die Mitte ein Loch stechen, Pfeifenputzer durchstecken und mit einer Perle und Heißkleber an der Blüte fixieren.

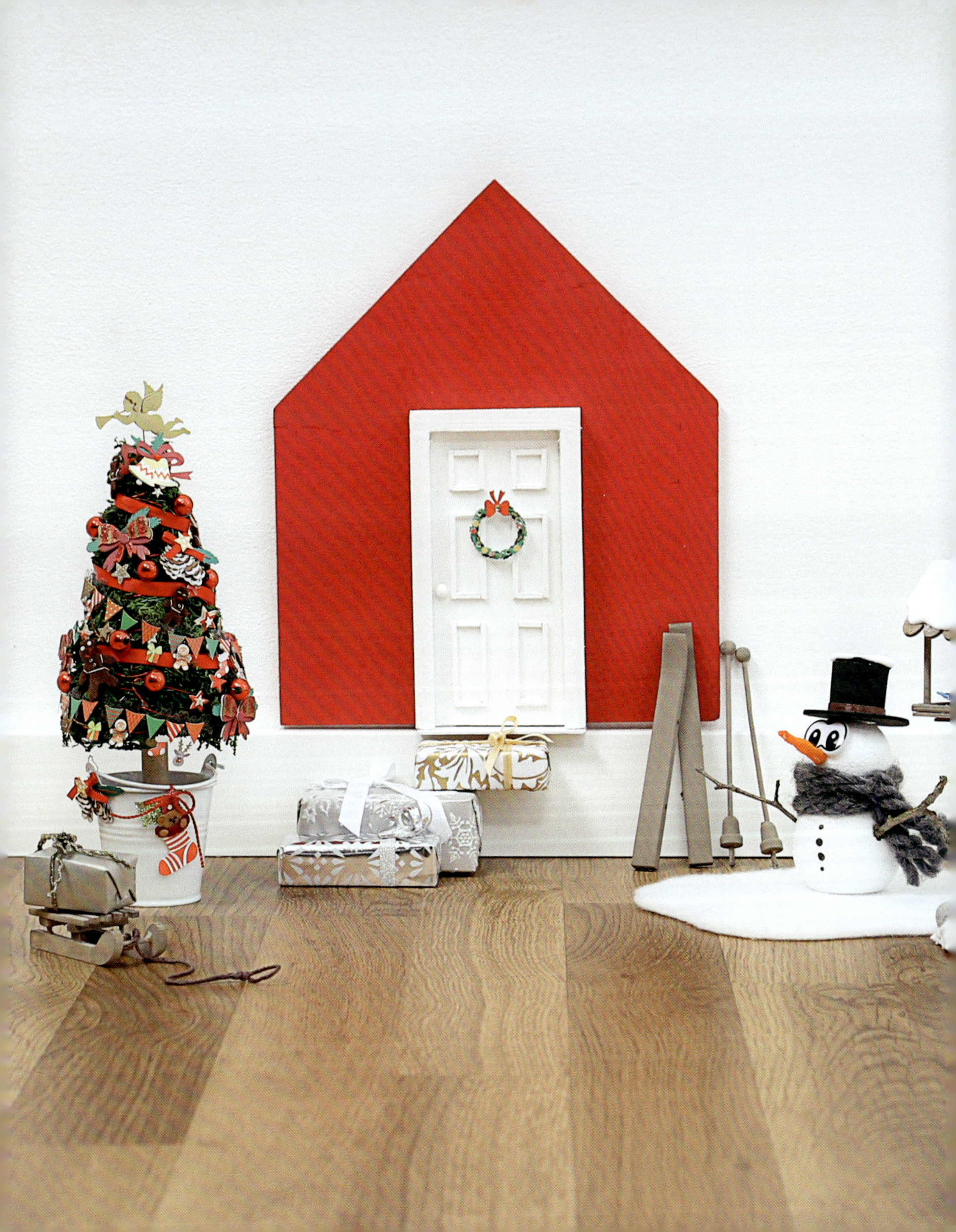

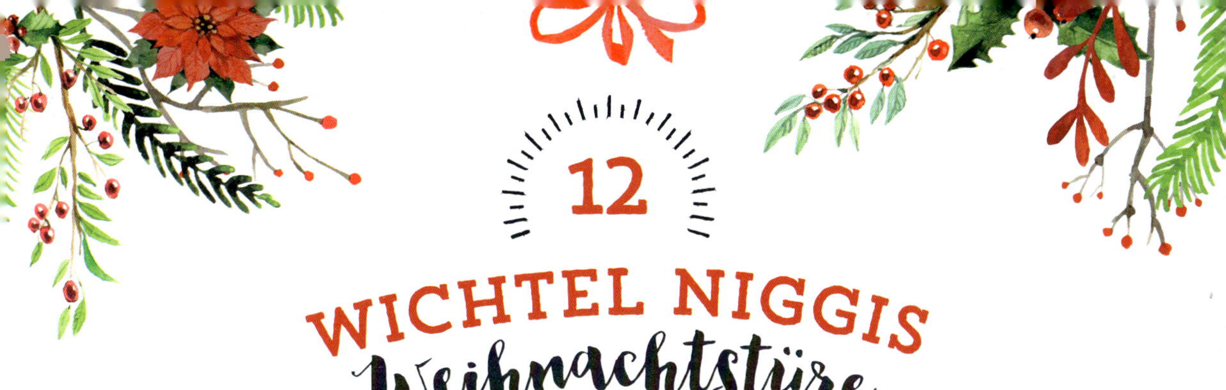

12

WICHTEL NIGGIS Weihnachtstüre

Wichtel Niggi liebt die Weihnachtszeit und kann es kaum erwarten, bis Heiligabend vor der Tür steht. Jeden Tag legt er deshalb eine kleine Geschichte oder ein Rätsel vor seine Wichteltüre. An manchen Tagen versteckt er auch ein kleines Geschenk im Zimmer und hinterlässt eine Spur.

DU BRAUCHST

- Basismaterial *(siehe Seite 6)*
- Sperrholz, Säge und Sprühkleber
- Holzstab und Streichhölzer
- Perle für Türknopf
- Acrylfarbe in Rot und Weiß
- Styroporkegel
- Moos für Weihnachtsbaum
- Holz (oder Zweig)
- Mini-Eimer, Draht und Perlen
- Bänder und diverse Sticker
- Streichholzschachteln
- 2 Styroporkugeln
- Orangefarbener Filzrest oder orangefarbenes Papier
- Zahnstocher
- Moosgummi in Schwarz
- Zweig für Arme
- Filz oder weißes Papier
- 8 Bastelhölzer und 2 Holzspieße
- Bastelaugen oder schwarzer Filzstift
- Wollreste

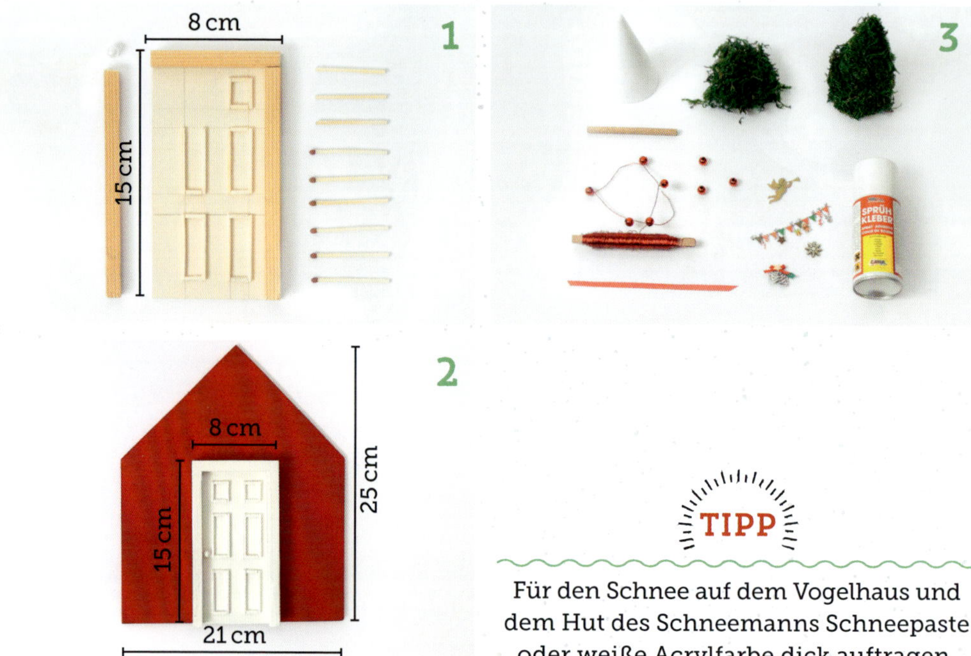

TIPP

Für den Schnee auf dem Vogelhaus und dem Hut des Schneemanns Schneepaste oder weiße Acrylfarbe dick auftragen.

1 Niggis nordische Wichteltüre mit einer Säge aus einem Stück Sperrholz in der Größe 8 x 15 cm sägen. Den Holzstab für den Türrahmen entsprechend der Türgröße zuschneiden. Nordische Haustüren haben oft typische Türstrukturen, die du mit Streichhölzern nachbasteln kannst. Sobald alle Teile befestigt sind, besprühe die Tür in Weiß.

2 Das Hausteil ebenfalls aus einer Sperrholzplatte aussägen und mit roter Farbe bemalen. Die Tür aufkleben und schon ist das Haus fast fertig.

3 Für den Tannenbaum einen Styroporkegel mit Sprühkleber besprühen (du kannst auch Teppich-Klebeband benutzen) und das Moos darauf festdrücken. Zur zusätzlichen Fixierung des Mooses Perlen auf einen Draht aufziehen und diesen Perlendraht um den grünen Kegel wickeln. Du kannst den Baum direkt auf den Boden stellen, dann braucht er keinen Baumstamm, oder aber du steckst noch ein Stück von einem Holzstab oder Ast in den Styroporkegel. Damit er alleine stehen kann, musst du ihn mit Heißkleber in einem Mini-Eimer oder Blumentöpfchen fixieren. Jetzt kann der Baum mit Stickern und Bändern geschmückt werden.

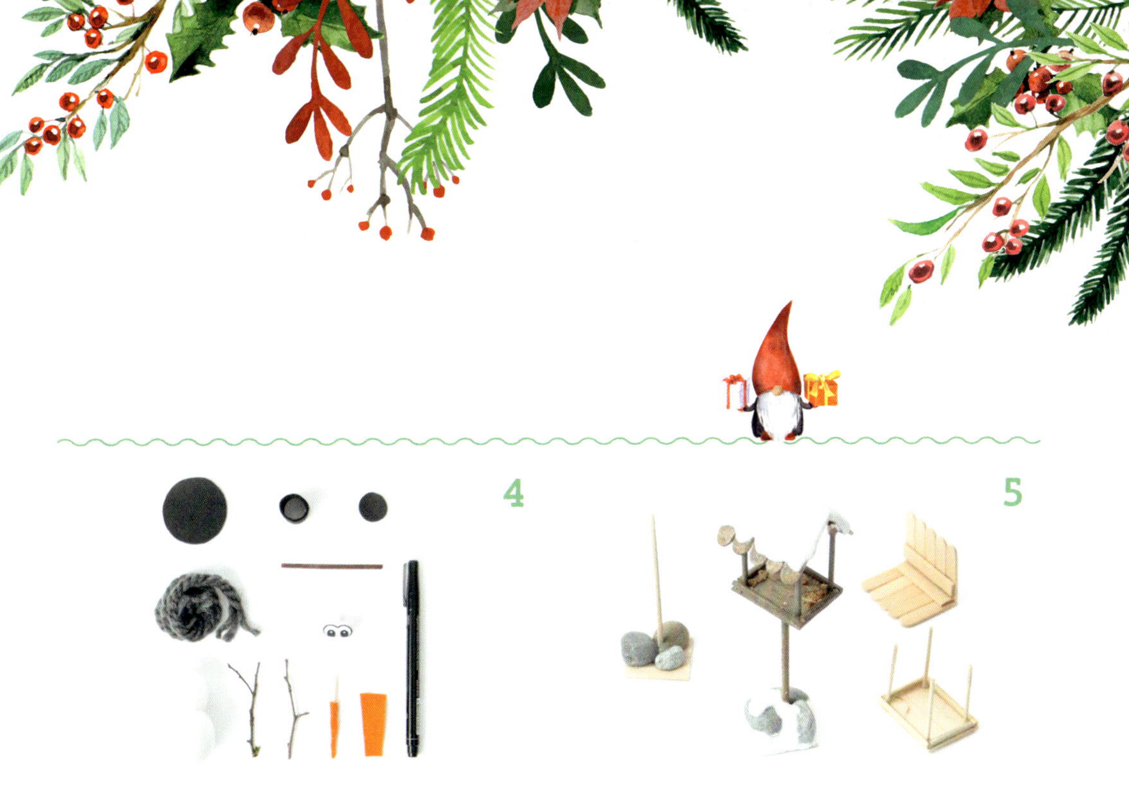

4 Wenn es schneit, baut sich Wichtel Niggi einen Schneemann. Für diesen brauchst du zwei verschieden große Styroporkugeln. Schneide oben und unten die Kuppe weg und klebe die Kugeln aufeinander. Für die Nase ein Stück orangefarbenen Filz, Papier oder Stoffrest um einen Zahnstocher wickeln und in die Kopfkugel stecken. Die Bastelaugen ankleben oder mit schwarzem Filzstift aufmalen. Für den Hut brauchst du Moosgummi. Einen Trichter formen, zwei Kreise zuschneiden und alles aufeinanderkleben. Damit der Schneemann nicht friert, kannst du ihm noch einen Schal aus einem Wollrest umbinden. Zwei kleine Zweige bilden die Arme.

5 Wichtel Niggi stellt im Winter ein Vogelfutterhäuschen auf. Dazu brauchst du Bastelhölzer und zwei Holzspieße. Diese wie auf dem Foto zuschneiden und zusammenkleben. Zum Schluss in der gewünschten Farbe anmalen. Du kannst auch etwas Struktur- oder Schneepaste auf das Vogeldach streichen. Falls du Watte oder Filz zu Hause hast, kannst du auch diese verwenden.

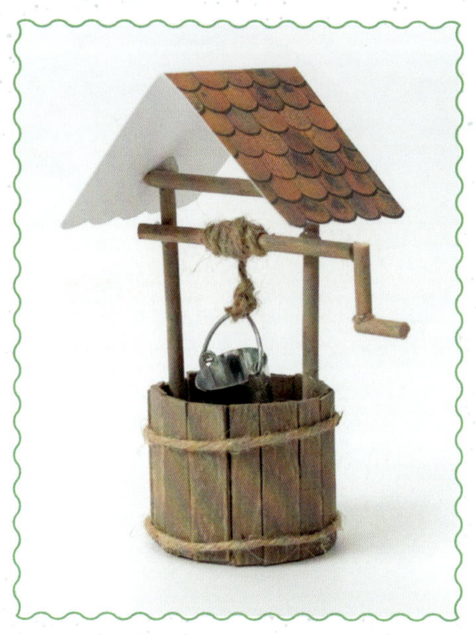

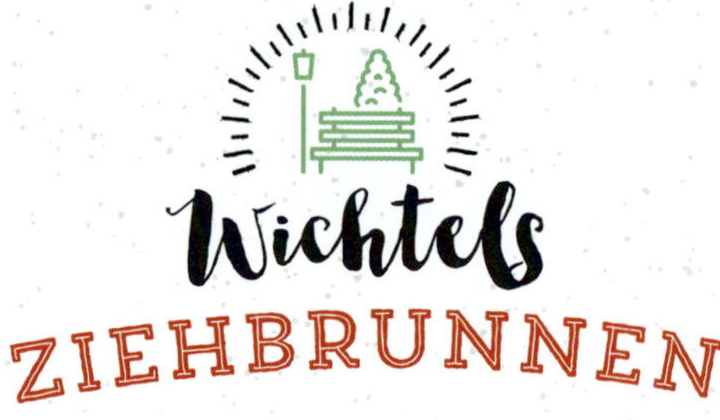

Wichtels ZIEHBRUNNEN

- Basismaterial *(siehe Seite 6)*
- Kartonrolle
- Bastelhölzer
- Holzspieß
- Schnur
- Papier
- Mini-Eimer oder Fingerhut

SO GEHT'S

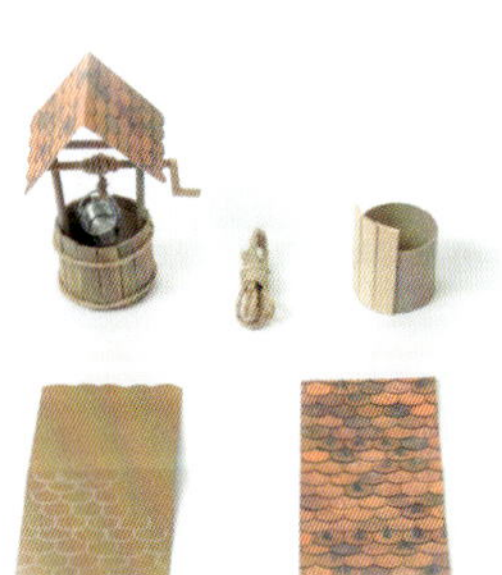

1 Die Kartonrolle dient als Basis für den Ziehbrunnen, damit du die Bastelholzstücke daran befestigen kannst.

2 Die Holzspieße zuschneiden und wie abgebildet zusammenkleben.

3 Die Schnur um den horizontal angebrachten Holzspieß wickeln und einen Mini-Eimer, Fingerhut oder kleinen Deckel daran befestigen oder die Schnur im Brunnen verschwinden lassen.

4 Für das Dach ein mit Ziegeln bedrucktes Papier verwenden oder aus Papier zuschneiden und Ziegel aufmalen. Du kannst das Dach natürlich auch aus den Bastelhölzern basteln.

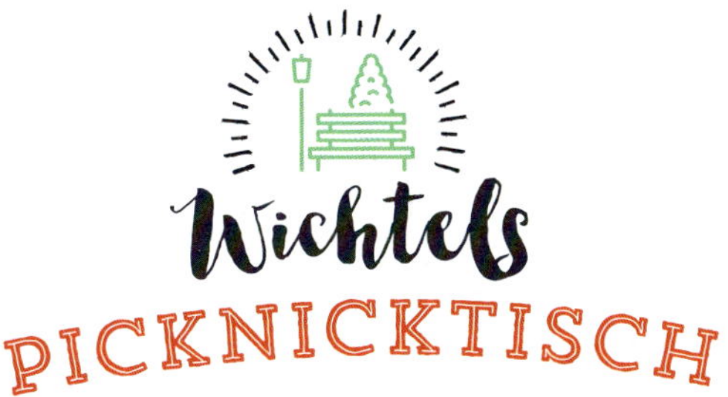

Wichtels PICKNICKTISCH

- Basismaterial *(siehe Seite 6)*
- Bastelhölzer
- Acryl-Spray

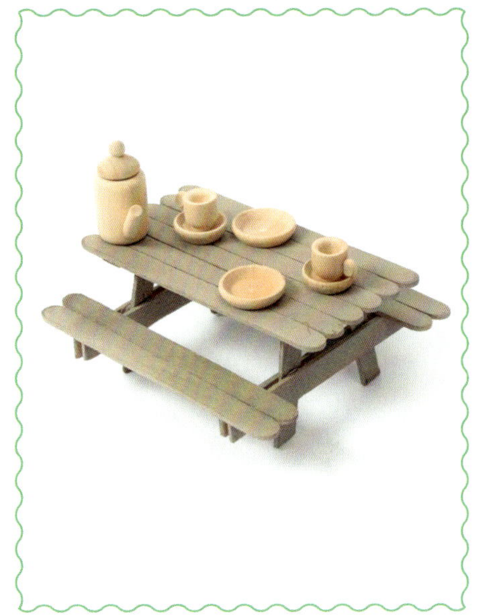

SO GEHT'S

1 Klebe die Bastelhölzer wie auf dem Schrittfoto gezeigt zusammen.

2 Sobald die Bank fertig geklebt ist, kannst du sie bemalen. Schon kann das Picknick beginnen.

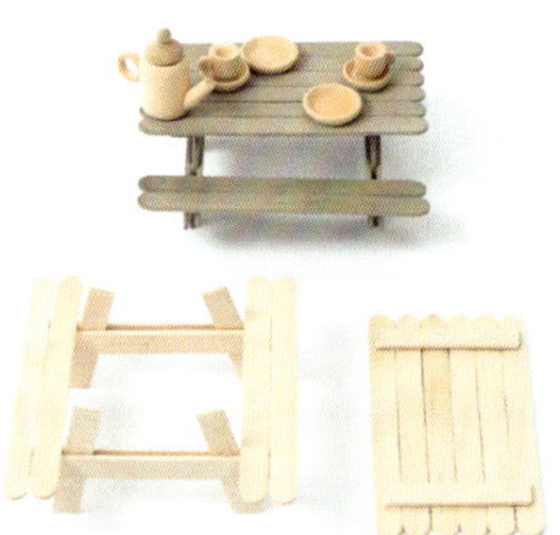

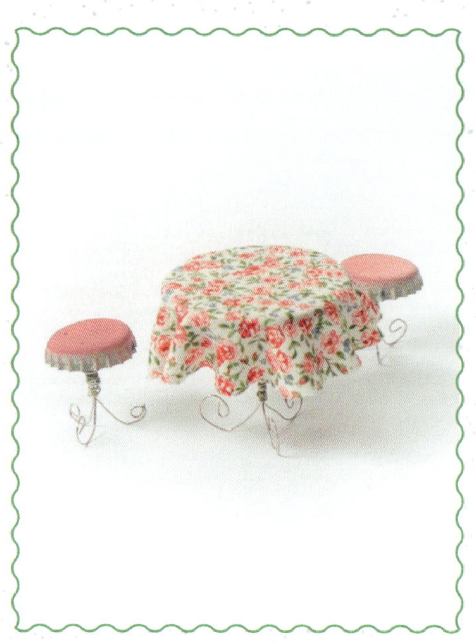

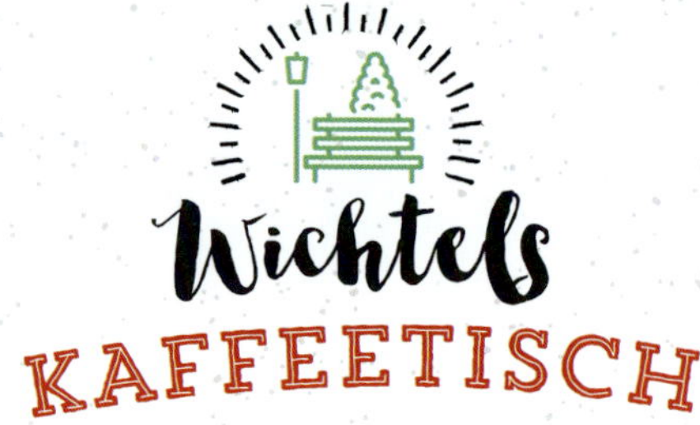

Wichtels KAFFEETISCH

- Basismaterial *(siehe Seite 6)*
- Kartonkreis
- Stoffrest oder Serviette
- Blumendraht
- Kronkorken
- Zange

SO GEHT'S

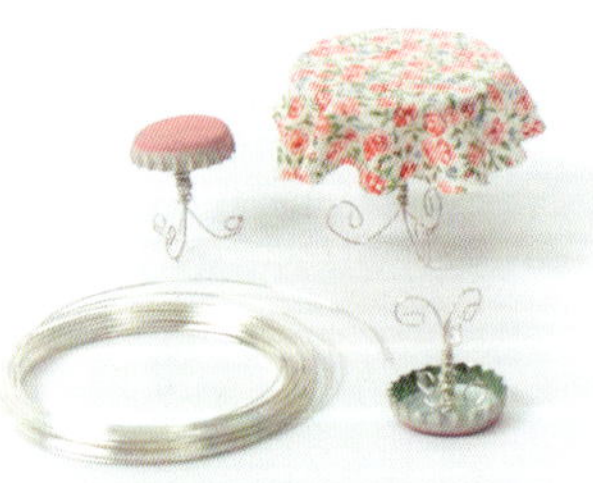

1. Mit Draht und einer Zange zuerst die Tisch- und Stuhlbeine formen.
2. An die Tischbeine klebst du den Kartonkreis und bedeckst ihn mit einem Tischtuch aus Stoffresten oder einer hübschen Serviette.
3. Für die Stühle verwendest du Kronkorken, die du bemalen oder mit Filz oder Servietten bekleben kannst.

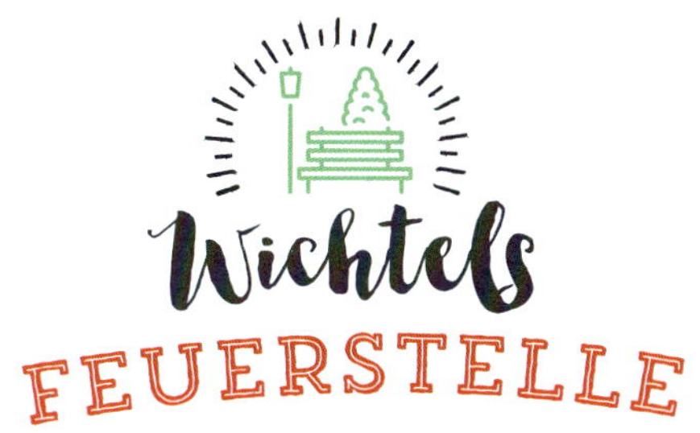

Wichtels FEUERSTELLE

- Basismaterial *(siehe Seite 6)*
- Karton
- Steine
- Hölzchen
- Ziersplitt

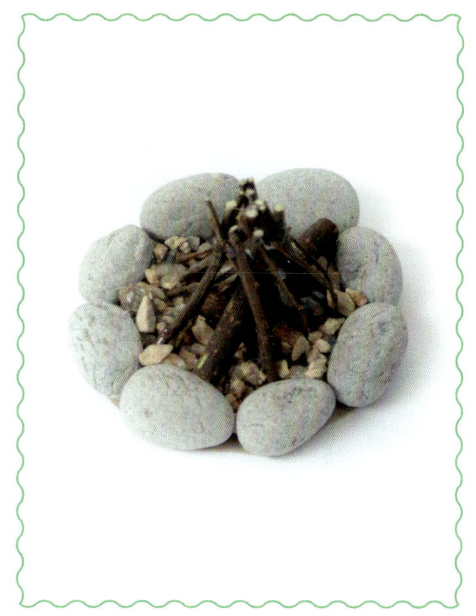

SO GEHT'S

1. Schneide einen Kreis als Basis aus dem Karton aus.
2. Klebe rundherum Steine fest.
3. Den Boden bedeckst du mit Ziersplitt, Sand oder Erde.
4. Die Zweige aufstellen und mit Heißkleber fixieren.

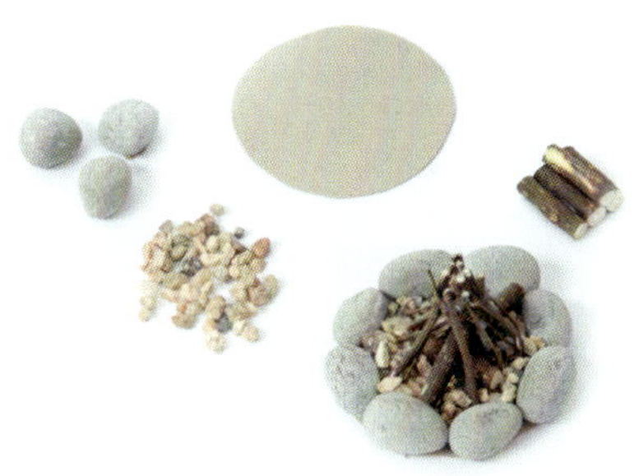

IMPRESSUM

Bibliografische Information der Deutschen Bibliothek.

Die Deutsche Bibliothek verzeichnet diese Publikation in der deutschen Nationalbibliografie.

Detaillierte bibliografische Daten sind im Internet über http://www.d-nb.de/ abrufbar.

EIN BUCH DER EDITION MICHAEL FISCHER

1. Auflage 2022

Bildnachweis:
Schmuckelemente und -grafiken im Innenteil: © Irina Vaneeva / Shutterstock (Weihnachtskranz); © Elena Medvedeva / Shutterstock (Wasserfarbener Weihnachtskranz mit Tannenzweigen); © Elena Medvedeva / Shutterstock (Aquareller Weihnachtsrahmen mit Tannenzweigen); © Elena Medvedeva / Shutterstock (Aquarellwein Weihnachtsset mit Tannenästen, Bälle, Geschenken, Garnelen und Bogen); © Elena Medvedeva / Shutterstock (Aquarell Weihnachtsgarten mit Lichtern und Geschenken); © IMR / Shutterstock (Weihnachtswasserfarben, nahtlose Muster mit holzigen Beeren, Fichte und Kiefernzapfen); © IMR / Shutterstock (Weihnachtswasserfarbensatz mit Bouquet-Arrangements); © DESIGN INK / Shutterstock (repeat pattern of green watercolor leaves of winter collection); © Artnizu / Shutterstock (Weihnachtswasserfarbe von Strauchbeeren und grünen Blättern); © Artnizu / Shutterstock (Fröhliche Weihnachten mit Beerenkrebsfarbe); © Daria Doroshchuk / Shutterstock (Set von Aquarellfarben, handgemalt Weihnachtsmotive)

Satz: Carolin Mayer
Produktmanagement: Franziska Klorer
Fotos: MAREIN AG, Schweiz
Illustrationen: designed by freepik.com

ISBN 978-3-7459-1316-3
Gedruckt bei Polygraf Print,
Čapajevova 44, 08001 Prešov, Slowakei
www.emf-verlag.de

I AM CREATIVE®

Alle verwendeten Materialien sowie weitere Wichteltüren-Sets finden Sie unter www.iamcreative.ch bzw. www.hobbyring.de.

ÜBER DIE AUTORIN

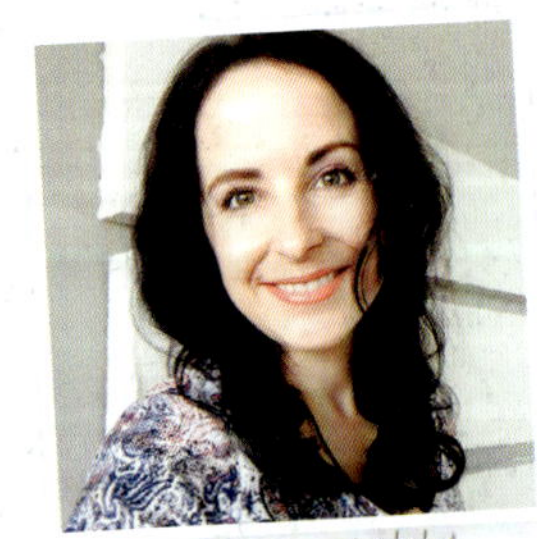

Mein Name ist Carine, ich bin gelernte Modedesignerin, habe aber schon in vielen spannenden Branchen gearbeitet, sodass mein Lebenslauf genauso kunterbunt ist wie die Kreativwelt, in der ich mich bewege.

Ich habe zwei wundervolle Kinder und einen tollen Mann mit viel Geduld. Die braucht er nämlich, wenn ich wieder Kisten voller Bastelmaterial anschleppe und das Haus auf den Kopf stelle.

Wenn ich nicht gerade unser Heim umgestalte und stundenlang in meinem Atelier werkle, betreibe ich mit viel Herzblut meine kreative Facebook-Gruppe kids-tipps.ch und den dazu gehörenden Blog www.kids-tipps.ch. Daneben realisiere ich verschiedenste gestalterische Projekte mit dem Kreativ-Team von I AM CREATIVE, blogge mit Leidenschaft für den Migros-Blog www.blog.doitgarden.ch und entwerfe als selbständige Designerin neue Produkte für Artoz Papier AG. Eine rundum kreative Arbeitswelt. Es ist mir gelungen, meine Leidenschaft für das Kreative zum Beruf zu machen, es könnte nicht schöner sein.

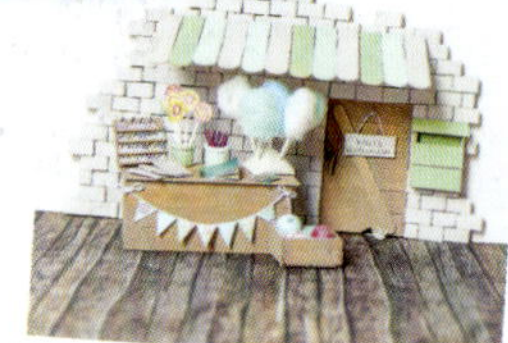

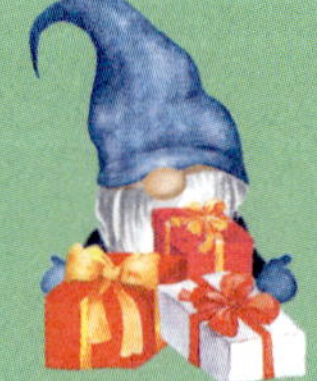